Stefan von Kempis
Grundkurs Franziskus

Stefan von Kempis

Grundkurs Franziskus

Standpunkte
Bekenntnisse
Botschaften

benno

*Für Mami und Papi in Liessem
und zur Erinnerung an Onkel Franz-Josef († 2014)
und Tante Marie-Agnes († 2013)*

Bibliografische Information der
Deutschen Nationalbibliothek
Die Deutsche Nationalbibliothek verzeichnet diese Publikation in der Deutschen Nationalbibliografie; detaillierte
bibliografische Daten sind im Internet über
http://dnb.d-nb.de abrufbar.

**Besuchen Sie uns im Internet unter:
www.st-benno.de**

Gern informieren wir Sie unverbindlich und aktuell auch
in unserem Newsletter zum Verlagsprogramm, zu Neuerscheinungen und Aktionen. Einfach anmelden unter:
www.st-benno.de.

ISBN 978-3-7462-4162-3

© St. Benno-Verlag GmbH, Leipzig
Umschlaggestaltung: Ulrike Vetter, Leipzig
Umschlagfoto: © picture alliance / Stefano Spaziani
Gesamtherstellung: Kontext, Lemsel (A)

Inhalt

Ein Schlüssel zum Buch	7
Anbetung	13
Armut	17
Barmherzigkeit	23
Beichte / Buße	28
Bibel	31
Dialog	33
Ehe und Familie	35
Einfachheit	40
Evangelisieren	44
Flüchtlinge	48
Frauen	50
Gebet	54
Glauben und Nichtglauben	55
Globalisierung	59
Gott	62
Herausgehen an den Rand	65
Homosexualität	69
Internet und neue Medien	72
Jesus	74
Jung und Alt	77
Kinderschutz	79
Kirche	83
Klatsch und Tratsch	88
Konzil, Zweites Vatikanisches	90
Leid	93

Maria	95
Menschenwürde	98
Morallehre	102
Ökumene	106
Orden	110
Politiker	115
Reformen	120
Religionen	126
Schöpfung	130
Sünde und Schuld	135
Teufel	140
Volk Gottes	144
Wegwerfkultur	149
Wirtschaft	152
Zärtlichkeit	155
Bibliografische Hinweise	158

Ein Schlüssel zum Buch

Bischof Bergoglio klaut ein Kreuz

An einem Donnerstag im März 2014 unterhielt sich Papst Franziskus in der Audienzhalle des Vatikans mit Priestern seines Bistums Rom. Dabei kam er ins Erzählen über seine Zeit in Buenos Aires in den Neunzigerjahren, als er noch Weihbischof war; an einem Ostermorgen habe er erfahren, dass ein berühmter Beichtvater namens Pater Aristi in der vergangenen Nacht gestorben sei. Nach dem Mittagessen habe er sich also auf den Weg gemacht, um am aufgebahrten Leichnam des Verstorbenen zu beten. So weit, so normal für einen Priester.
„Es war eine große, eine sehr große Kirche, mit einer wunderschönen Krypta. Ich bin in die Krypta hinabgestiegen, und dort stand der Sarg. Nur zwei alte Frauen waren dort und beteten, aber keine Blumen. Ich dachte: Dieser Mann, der dem ganzen Klerus von Buenos Aires die Sünden vergeben hat, auch mir, hat nicht einmal eine Blume ... Ich bin hinaufgestiegen und zu einem Blumenstand gegangen – denn in Buenos Aires gibt es an den Straßenecken Blumenstände ... – und habe Blumen gekauft, Rosen ... Und ich bin zurückgegangen und

habe begonnen, den Sarg schön herzurichten, mit Blumen" *(Gespräch mit römischem Klerus, 6.3.14).*
Würde die Anekdote hier enden, wäre sie nett, weiter nichts. Doch das Eigentliche kommt erst noch. „Dann habe ich den Rosenkranz angeschaut, den er in der Hand hatte ... Und plötzlich ist mir etwas in den Sinn gekommen – dieser Dieb, der in uns allen steckt, nicht wahr? –, und während ich die Blumen herrichtete, habe ich das Kreuz des Rosenkranzes genommen und es mit etwas Kraftaufwand abgerissen."
Wir haben in diesen ersten Monaten mit Franziskus schon einiges erlebt. Aber für mich sagt keine Anekdote so viel über ihn aus wie diese: der künftige Papst, der in einem unbeobachteten Moment das Kreuz vom Rosenkranz eines aufgebahrten Verstorbenen klaut. „Dieser Dieb, der in uns allen steckt." Für mich ist in dieser Geschichte schon der ganze Jorge Mario Bergoglio enthalten, mit seiner Schlitzohrig- und mit seiner Frömmigkeit; auch sein zentrales Thema, die göttliche Barmherzigkeit, klingt hier an. Er habe nämlich damals – so erzählte er weiter – gebetet: „Gib mir die Hälfte deiner Barmherzigkeit!", dann habe er „das Kreuz hier in die Tasche gesteckt"; und das heißt, er hatte und hat es immer noch bei sich, etwa zwanzig Jahre später, auf einem anderen Kontinent und unter ganz anderen Umständen. „Und wenn mir ein

schlechter Gedanke über einen Menschen kommt, dann geht meine Hand immer dahin. Und ich spüre die Gnade! Ich spüre, dass es mir guttut."

"Ein wellenförmiger Rhythmus"

So schön aber die gerade erzählte Geschichte und viele ähnlich gelagerte auch sind – wir sollten nicht der Gefahr erliegen, beim Anekdotischen stehenzubleiben. Dass Papst Franziskus sehr plastisch erzählen kann, dass er uns mit Leichtigkeit Bilder vor Augen stellt, heißt nicht, dass dahinter dann nichts mehr wäre. Franziskus ist ein gebildeter, erfahrener Jesuit, von dem sich vieles lernen lässt über Gott, die Welt, das Leben.

Die eben erzählte Anekdote ist für den Bergoglio-Stil typisch. Sie ist direkt verständlich und durch ihre Bildhaftigkeit (große Kirche, zwei betende Frauen, Blumenläden an den Straßenecken) sehr einprägsam. Der Papst hätte auch sagen können: „Ärgert euch nicht über andere, denkt nicht schlecht von anderen", und die Aussage wäre dieselbe gewesen – aber sie wäre ohne die Kraft dieser Bilder wohl nicht hängen geblieben. Sehr tief gehend ist die Aussage nicht, eher appellativ; die Geschichte erklärt auch nicht, was Barmherzigkeit in ihrem Wesen ist oder warum die Beichte solchen Wert hat. Sie illustriert, statt zu definieren, sie spricht zur Vorstellungskraft und nicht zum Verstand.

Hier haben wir die Methode des argentinischen Papstes: Er tippt an, impliziert, evoziert statt breit auszuführen. Die Sprechweise ist dynamisch (auch in unserem Beispiel geht's Treppen rauf und runter) und bewusst positiv; der Papst erzählt augenzwinkernd von einer Art Diebstahl, aber niemand wird deswegen auf die Idee kommen, dass er Diebstähle an sich gutheißt. Um Vollständigkeit geht es dem Papst beim Reden nicht, das Teil steht für das Ganze; vor Wiederholungen schreckt er nicht zurück, im Gegenteil, immer wieder tauchen dieselben Schlüsselbegriffe („Herausgehen" zum Beispiel) bei ihm auf, werden in immer neue Zusammenhänge gestellt, Zusammenhänge, die sich gegenseitig interpretieren. Einen „gewissen Rhythmus" im Sprechen des Papstes erkennt der Jesuitenpater Antonio Spadaro, der Franziskus ausführlich interviewt hat, in einer Analyse *(Civiltà Cattolica, 4.1.14)*; der Papst rede „wellenförmig", und was er sage, lebe „von der lebendigen Beziehung mit seinen Gesprächspartnern". Darum solle man „nicht nur aufmerksam auf den Inhalt hören, sondern auf die Dynamik der Beziehung, die dadurch entsteht".

Predigt, nicht Vorlesung

Was bedeutet das nun für uns, die wir wissen wollen, wie und was genau dieser Papst denkt? Es bedeutet, dass wir ihm nur mit seinen eigenen Mitteln nahekommen. Wir müssen uns auf seine Art und Weise zu denken und zu sprechen einlassen, müssen seine Schlüsselworte identifizieren, die entsprechenden Zitate nebeneinanderhalten und zueinander in Beziehung setzen, müssen ihren jeweiligen Zusammenhang zu uns sprechen lassen.

Franziskus ist Ordensmann, die klösterliche Fähigkeit zur „discretio" (was nicht „Diskretion" meint, sondern „Gabe der Unterscheidung") ist für ihn wie einst für Benedikt von Nursia die Königin der Tugenden. Er will das, was er weiß und denkt, niemandem aufdrängen, die Kirche wächst nach seiner Überzeugung nicht durch Druck oder Proselytismus, sondern (wie er seinen Vorgänger immer wieder zustimmend zitiert) „durch Anziehung" *(Frühmesse in Santa Marta, 8.5.13)*. Sein Ansatz ist weniger dogmatisch, mehr pastoral; nicht präskriptiv, sondern deskriptiv-werbend; sein Element ist die Predigt, nicht – wie im Fall seines Vorgängers Benedikt – die Vorlesung. Wie denkt der Papst genau über Frauen, über Abtreibung, über Liturgie?

Wir werden es so direkt kaum von ihm erfahren: Er wird uns eine Geschichte erzählen oder einen Witz, vielleicht auch eine sprechende Geste tun. Vor allem wird er keine Definition liefern, sondern eine Richtung zeigen, einen Raum öffnen. Man kann ihn nicht festnageln mit seinen Worten; es sind Worte in Bewegung, Worte die in Bewegung setzen. Trotzdem, wir wollen es wagen: Wie denkt dieser Papst? Auf diese Frage soll der „Grundkurs Franziskus" Antworten liefern. Der Eigenart von Franziskus entsprechend behandeln wir also Schlüsselworte seines Denkens und tragen charakteristische Äußerungen dazu zusammen. Nicht die kirchliche Lehre in ihrer Gesamtheit wird hier vermessen, sondern der spezifische Blickwinkel von Jorge Mario Bergoglio/Papst Franziskus gezeigt auf Themen, die ihm am Herzen liegen. Und wenn am Schluss des jeweiligen Artikels nicht Eindeutiges herauskommt, sondern in verschiedene Richtungen Offenes, dann braucht uns das nicht zu wundern oder zu ärgern: Mein Verdacht ist, dass wir gerade dann seinem Denken am nächsten sind.

Rom, im Juni 2014
Stefan v. Kempis

Anbetung

„In Erwartung dessen, was geschehen wird"

Beten ist mehr, als bestimmte Formeln zu rezitieren oder Gott immer wieder mal eine Liste von Bitten vorzutragen: Es „heißt zu sprechen und zu hören" *(Bergoglio, Himmel und Erde, S. 70)*. Und dieses Hören meint Anbetung, „Momente tiefer Stille ... in Erwartung dessen, was geschehen wird" *(ebd.)*. Mit dieser Formulierung impliziert Papst Franziskus, dass Anbetung den Beter verändert: Etwas wird geschehen. Und obwohl der Papst nach eigenem Eingeständnis bei der Anbetung manchmal einnickt, „während ich dasitze und mich (von Gott) anschauen lasse" *(Bergoglio, Jesuita, S. 57)*, legt er doch Wert darauf, dass Anbetung nichts Langweiliges ist. Denn wer Zeit verbringt mit Gott, der muss mit dem Unerwarteten rechnen.

Dem Papst ist die Anbetung sehr wichtig, sie ist aus seiner Sicht sogar das Wichtigste an jedem Gottesdienst – und nicht etwa „die Gesänge und die Riten", so schön sie auch sein mögen *(Frühmesse in Santa Marta, 22.11.13)*. „Die ganze ... versammelte Gemeinde schaut auf den Altar, an dem das Opfer dargebracht wird, und betet an.

Aber ich glaube, ich sage das ganz demütig, dass wir Christen vielleicht ein wenig den Sinn für die Anbetung verloren haben. Und wir denken: Wir gehen in das Gotteshaus, wir versammeln uns als Brüder, und das ist gut, es ist schön. Aber der Mittelpunkt ist da, wo Gott ist. Und wir beten Gott an." *(Ebd.)* Nicht irgendeinen Gott, sondern einen ganz bestimmten: „Das Gebet des Christen ist grundlegend persönlich, vollzieht sich von Person zu Person" *(Bergoglio, Offener Geist, S. 243).* Wir beten also Gott, den Vater, an. Oder den Sohn. Oder den Heiligen Geist. Ganz konkret.

Anbetung darf nicht Anbetung bleiben. Sonst kann sie „zur Ausrede werden, sein Leben nicht der Mission zu widmen" *(Apostolisches Schreiben Evangelii Gaudium, 24.11.13, Nr. 262; künftig abgekürzt mit EG).* Sie muss uns stattdessen dazu bringen, aus uns „heraus zu gehen ... auf einen Weg der Anbetung des Herrn und des Dienens an ihm in den Brüdern und Schwestern" *(Ansprache an Generaloberinnen, 8.5.13).* Man beachte diese Verbindung, die Franziskus herstellt: Der Weg der Anbetung und der Weg des Dienens gehören zusammen. Das eine, also die Anbetung, geht nach seiner festen Überzeugung nicht ohne das andere, also das Herausgehen zu den Bedürftigen. Wer Kranke, Alte, Ausgestoßene umarmt, der umarmt den verwundeten, gekreuzigten Christus – und der betet gleichzeitig an. „Jesus ist gegenwärtig in der Eucharistie, hier ist das Fleisch Jesu", sagte der Papst einmal bei einer Begegnung mit Behinderten, und mit diesem „hier" meinte er die Behinderten: „Jesus ist gegenwärtig in eurer Mitte, und das ist das Fleisch Jesu, die Wunden Jesu sind in diesen Menschen" *(in Assisi, 4.10.13)*. Das Leben des heiligen Franz von Assisi habe sich in dem Augenblick völlig geändert, als er einen Aussätzigen berührte: weil er da „den lebendigen Gott berührt hat und sein Leben in Anbetung verbracht hat" *(Frühmesse in Santa Marta, 3.7.13)*.

Typisch für Franziskus ist, dass er gern konkrete Fragen stellt; auch beim Thema Anbetung verfährt er so. „Du, ich, beten wir den Herrn an? Gehen wir zu Gott, nur um zu bitten, zu danken, oder gehen wir auch zu ihm, um ihn anzubeten?" *(Predigt in St. Paul vor den Mauern, 14.4.13)*.

Wo kaum oder gar nicht angebetet wird, da zeigt „das Lebens-Thermometer der Kirche etwas niedrige Temperaturen an" *(Frühmesse in Santa Marta, 10.1.14)*.

Die tiefgehendsten Worte zum Thema Anbetung hat der heutige Papst in seiner Zeit als Erzbischof von Buenos Aires in einem Brief an Katecheten gefunden: Es sei „heute wichtiger denn je anzubeten, damit wir das Mysterium nicht unter einer Flut von

Worten begraben", schrieb er damals, „sondern uns die Stille der Anbetung gönnen ... anbeten heißt niederknien, heißt Gottes unendliche Größe demütig anerkennen ... Vielleicht ist es eine der größten Verirrungen unserer Zeit, dass man uns dazu bringen möchte, das Menschliche anzubeten und das Göttliche zu übersehen" *(Bergoglio, Dienst, S. 52)*. Anbeten bedeute, „nicht leer zu werden, sondern zur Fülle zu gelangen; es heißt, die Liebe zu erkennen und mit ihr eins zu werden ..., seine Zärtlichkeit zu entdecken ... Anbeten heißt, ‚Gott' zu sagen und ‚Leben' zu sagen ..., unser tägliches Leben Auge in Auge mit dem Gott des Lebens zu leben" *(ebd., S. 53)*.

Armut

„Der hl. Petrus hatte kein Konto"

Als Weihbischof von Buenos Aires wurde Jorge Mario Bergoglio in den Neunzigerjahren einmal zu einem Benefizdinner der Caritas eingeladen. „An den Tischen saß, wie man so sagt, die Crème de la Crème" *(Bergoglio, Himmel und Erde, S. 182)*, auch der Staatspräsident sollte kommen, wie Bergoglio hörte. Der Bischof entschloss sich daraufhin, lieber zu Hause zu bleiben. Ein paar Tage später erfuhr er, dass während des Dinners eine goldene Rolex für einen guten Zweck versteigert worden war: „Eine wirkliche Schande, eine Kränkung, ein schlechter Gebrauch der Nächstenliebe. Man suchte nach jemandem, der mit dieser Uhr eitel herumprotzen wollte, um die Armen zu speisen" *(ebd.)*, empörte er sich. Für den heutigen Papst ein absolutes Negativbeispiel: Genau so sollte man mit armen Menschen nicht umgehen!

Bischof Bergoglio ist häufig mit dem Bus in die Elendsviertel am Stadtrand (die sogenannten *„Villas de Emergencia"*) gefahren, um dort die Messe zu feiern und anschließend mit den Bewohnern Suppe zu essen. Und er konnte jedes

Mal aus der Haut fahren, wenn er die Armen in ihrer Würde gekränkt sah. „Es ist eine haarsträubende Vorstellung, dass einige Reiseveranstalter die ausländischen Touristen im Rahmen ihrer Stadtführungen auch in die *Villas de Emergencia* bringen, damit sie dort arme und notleidende Kinder ‚besichtigen' können" *(Bergoglio, Dienst, S. 184)*. Als Erzbischof erhöhte Bergoglio drastisch die Zahl der Priester, die in den Slumvierteln rund um die argentinische Hauptstadt arbeiten, und verteidigte sie hartnäckig gegen den Vorwurf, Kommunisten oder Linke zu sein.

Nun ist der „Kardinal der Armen" Papst – und hat die Frage „Wie hältst du's mit der Armut" zur Gretchenfrage an die Weltkirche und an jeden ernsthaften Katholiken gemacht. Seine Antwort ist eindeutig, das macht schon die Wahl seines Namens Franziskus klar: nach dem Vorbild des heiligen Franz von Assisi, der ein „Mann der Armut" war *(an Journalisten, 16.3.13)*. „Ach, wie möchte ich eine arme Kirche für die Armen!", ruft der Papst *(ebd.)*. Der kanadische Kurienkardinal Marc Ouellet gibt zu, dass Papst Franziskus' Insistieren auf dem Thema Armut „bestimmte Kreise erstaunt und beunruhigt", weil das nach „Marxismus" klinge *(in Osservatore Romano, italienische Ausgabe, 19.3.14)*.

Doch was heißt diese Hochschätzung der Armen

bzw. der Armut nun konkret? Soll der Vatikan die Pietà des Michelangelo verkaufen und das Geld den Armen geben? Das Dilemma der Kirche heißt: arm sein mit den Armen – oder aber eine „reiche" Kirche bleiben, um den Armen materiell helfen zu können. Hier wird es nun etwas weniger eindeutig. Franziskus sagt nämlich zweierlei. Auf der einen Seite bemerkt er: „Der hl. Petrus hatte kein Bankkonto, und als er seine Steuern zahlen musste, schickte ihn der Herr ans Meer, um zu fischen, damit er im Bauch des Fisches das Geld finde, mit dem er zahlen konnte" *(Frühmesse in Santa Marta, 11.6.13)*. Und auf der anderen Seite sagt er: „Zu den Armen gehen bedeutet nicht, dass wir Verfechter der Armut oder eine Art ‚geistliche Bettler' werden müssen. Nein, nein, das bedeutet es nicht! Es bedeutet, dass wir auf das Fleisch Jesu zugehen müssen, das leidet" *(auf einer Pastoraltagung in Rom, 17.6.13)*.

Das ist auf den ersten Blick ein Widerspruch. Er hat damit zu tun, dass Armut ganz Verschiedenes bedeuten kann, vom Ideal bis zum Verhängnis, zur materiellen, moralischen, spirituellen Not. Worum geht es also dem Papst, wenn er Armut fordert? Es geht ihm nicht um Selbstverelendung, das sei sofort klargestellt. Aber schwieriger ist es, den positiven Gehalt dessen zu formulieren, was „Armut" bei ihm bedeutet. In seinen eigenen Worten meint er damit: zugehen auf Menschen, die am Rand stehen, sie umarmen, ihnen in die Augen sehen und in ihren Gesichtszügen Jesus entdecken. Diese Art Armut soll ganz konkret sein: „Wir können keine theoretische Armut gebrauchen", das sagte er einmal zu Ordensfrauen, die ein Armutsgelübde abgelegt haben. „Armut lernt man, indem man den Leib des armen Christus berührt, in den Geringen, in den Armen, in den Kranken, in den Kindern" *(an Ordensoberinnen, 8.5.13).*

Aus diesem Blickwinkel ist Armut „nicht eine soziologische oder philosophische oder kulturelle Kategorie – nein, es ist eine theologale Kategorie" *(Pfingstvigil, 18.5.13),* das heißt: eine Kategorie, die mit Gott zu tun hat. Armut, das ist die „Kategorie", in der wir Christus begegnen.

Um des armen Jesus willen also: zugehen auf die Armen. Und diese Armen sind für Franziskus nicht nur die, denen es an Geld mangelt, auch das dürfte bereits klargeworden sein: „Es leidet ... auch das Fleisch Jesu jener, die ihn nicht erkennen, mit ihrem Studium, ihrer Intelligenz, ihrer Bildung. Dorthin müssen wir gehen! Daher benutze ich gern den Ausdruck ‚in die Randgebiete gehen', die existenziellen Randgebiete. Alle, sie alle, von der physischen Armut zur intellektuellen Armut, die auch real ist" *(auf einer Pastoraltagung, s. o.)*.

Das Zugehen auf die Armen darf aber nichts Paternalistisches haben, sonst wären wir wieder bei der dicken Rolex. Die richtige Haltung besteht vielmehr darin, von den Armen zu lernen. Das klingt zunächst überraschend. Aber dem Papst ist es ernst, wenn er schreibt, dass arme Menschen uns vieles beibringen können. „Sie ... kennen ... dank ihrer eigenen Leiden den leidenden Christus. Es ist nötig, dass wir alle uns von ihnen evangelisieren lassen ... Wir sind aufgerufen, Christus in ihnen zu entdecken, uns zu Wortführern ihrer Interessen zu machen, aber auch ihre Freunde zu sein, sie anzuhören, sie zu verstehen und die geheimnisvolle Weisheit anzunehmen, die Gott uns durch sie mitteilen will" *(EG, Nr. 198)*.

Und der Einsatz für die Armen? Auch der darf ja nicht fehlen, der Papst spricht ja davon, „uns zu Wortführern ihrer Interessen zu machen". Aber das meint keinen „Aktivismus", sondern „liebevolle Zuwendung". Jemand, der ein Almosen gibt, soll nicht einfach die Münze in den Hut des Bettlers fallen lassen und schnell weiterlaufen – sondern er soll ihm in die Augen sehen, einen Moment mit ihm reden, kurz: ihn als Mitmenschen behandeln. „Gott hat das Heil nicht von oben auf uns herabfallen lassen wie das Almosén dessen, der einen Teil des eigenen Überflusses mit mitleidiger Geste hergibt ... Uns beeindrucken die Worte des Apostels (Paulus), der sagt, dass wir nicht durch den Reichtum Christi, sondern *durch seine Armut* befreit wurden" *(Fastenbotschaft, s. o.).*

Papst Franziskus buchstabiert das auch für die gesellschaftliche, politische Ebene durch, wenn er schreibt: „Die Notwendigkeit, die strukturellen Ursachen der Armut zu beheben, kann nicht warten ..." *(EG, Nr. 202).* Die Christen dürfen es nicht bei „Hilfsprojekten" belassen, das seien nur „provisorische Maßnahmen"; sie müssten dafür kämpfen, dass „die Probleme der Armen ... von der Wurzel her gelöst werden", sonst „werden sich die Probleme der Welt nicht lösen und kann letztlich überhaupt kein Problem gelöst werden".

Barmherzigkeit

„Warum verkomplizieren, was so einfach ist?"

Barmherzigkeit ist der entscheidende Begriff im Denken von Franziskus; würde man sein Denken mit einem einzigen Wort zusammenfassen, dann mit diesem. Es taucht auch in seinem Bischofs- und Papstmotto auf: „Miserando", der Herr erbarmte sich. Auf die Frage eines Journalisten, ob man Katholiken, die geschieden sind und die wieder geheiratet haben, nicht doch zu den Sakramenten zulassen könne, antwortet er: „Die Barmherzigkeit ist größer als jener Fall, den Sie vorstellen. Ich glaube, dass dies die Zeit der Barmherzigkeit ist" *(auf dem Flug von Rio nach Rom, 28.7.13).*
Franziskus' Werben um Barmherzigkeit gilt nach außen wie nach innen, in die Kirche hinein: „Dieser Epochenwechsel, auch viele Probleme der Kirche ... haben viele Verwundete hinterlassen, viele Verwundete. Und die Kirche ist Mutter: Sie muss hingehen und die Verwundeten pflegen, mit Barmherzigkeit. Wenn aber der Herr nicht müde wird zu verzeihen, haben wir keine andere Wahl als diese." Der Vater des verlorenen Sohns, von dem das Gleichnis Jesu im Lukasevangelium

erzählt, habe diesem nach der Rückkehr keine Vorhaltungen gemacht: „‚Aber du, hör mal, komm herein: Was hast du denn mit dem Geld gemacht?' Nein! Er hat ein Fest gefeiert! ... So muss es die Kirche machen" *(ebd.)*. Das Gleichnis vom verlorenen Sohn gehört offensichtlich zu den Lieblingsbibelstellen des Papstes, immer wieder kommt er darauf zurück.

Im Deutschen klingt „Barmherzigkeit" etwas altbacken und schwammig, manchmal schwingt sogar ein negativer Unterton mit. Aber für Franziskus ist das nicht so. Er weist darauf hin: „Das ist das Zentrum des Evangeliums" *(Interview mit dem Corriere della Sera, 5.3.14)*. Für ihn ist „das die stärkste Botschaft des Herrn: die Barmherzigkeit" *(Predigt in der Vatikanpfarrkirche, 17.3.13)*. In seinem Schreiben „Evangelii Gaudium" führt er detailliert aus, wie zentral der Ruf nach Barmherzigkeit im Alten wie im Neuen Testament ist. Er listet auch alle einschlägigen Bibelstellen auf, um dann zu folgern: „Das ist eine so klare, so direkte, so einfache und vielsagende Botschaft, dass keine kirchliche Hermeneutik *(= Auslegung, Anm. d. Autors)* das Recht hat, sie zu relativieren ... Warum verkomplizieren, was so einfach ist? ... Jesus hat uns mit seinen Worten und seinen Taten diesen Weg der Anerkennung des anderen gewiesen. Warum verdunkeln, was so klar ist? Sorgen wir uns nicht nur darum, nicht in lehrmäßige Irrtümer zu fallen, sondern auch darum, diesem leuchtenden Weg des Lebens und der Weisheit treu zu sein" *(Nr. 194).*

Außerdem ist Barmherzigkeit für Papst Franziskus kein schwammiger Begriff und „nicht nur ein Gefühl, sie ist eine Kraft, die Leben schenkt, die den Menschen erweckt!" *(Angelus, 9.6.13).*

Sogar da, wo Theologen mahnend vom Jüngsten Gericht sprechen, trägt Franziskus den Begriff „Barmherzigkeit" ein. Das ist besonders interessant, weil der Papst durchaus an der kirchlichen Lehre vom Teufel und vom Gericht festhält, in einem sehr buchstäblichen Sinn. „Manchmal scheint es uns, als antworte Gott nicht auf das Böse, als verharre er im Schweigen", sagte er bei seinem ersten Kreuzweg am römischen Kolosseum *(29.3.13).* „In Wirklichkeit *hat* Gott gesprochen, er hat geantwortet, und seine Antwort ist das Kreuz Christi: ein Wort, das Liebe, Barmherzigkeit und Vergebung ist. Es ist auch Gericht: Gott richtet uns, indem er uns liebt" *(ebd.).* Darum habe ein Mensch, der barmherzig gegenüber anderen sei, keine Angst vor dem Tod. „Denkt gut darüber nach: Wer Barmherzigkeit übt, fürchtet den Tod nicht! ... Und warum fürchtet er den Tod nicht? Weil er ihm ins Gesicht schaut in den Wunden der Brüder und ihn mit der Liebe Jesu Christi überwindet" (*Generalaudienz, 27.11.13*).

Das wirkliche Problem sei doch, so glaubt der Papst, „dass wir nicht wollen, dass wir es müde werden, um Vergebung zu bitten. Er (Gott) wird es nie müde zu vergeben, doch wir werden bisweilen müde, die Vergebung zu erbitten" *(Angelus, 17.3.13)*. Und außerdem hätten wir schnell die Tendenz, „dass wir uns für gerecht halten und über die anderen urteilen. Wir urteilen auch über Gott, weil wir denken, dass er die Sünder züchtigen, zum Tod verurteilen sollte, statt ihnen zu vergeben. Ja, dann laufen wir Gefahr, draußen vor dem Haus des Vaters zu bleiben!" *(Angelus, 15.9.13)*.

Er habe im Lauf seines Lebens „viele Male das barmherzige Antlitz Gottes, seine Geduld gesehen", bekennt der Papst. „Bei vielen Menschen habe ich auch den Mut beobachtet", wie der ungläubige Thomas „in die Wunden Jesu hineinzufassen und ihm zu sagen: Herr, da bin ich, nimm meine Armut an, verbirg meine Sünde in deinen Wunden, wasche sie rein mit deinem Blut. Und ich habe immer gesehen, dass Gott es getan hat, dass er aufgenommen, getröstet, gewaschen, geliebt hat" *(ebd.)*. An einem Sonntag bat Franziskus seine Zuhörer auf dem Petersplatz einmal um eine kleine praktische Übung: „In Stille wollen wir alle nachdenken ... jeder denke an einen Menschen, mit dem wir nicht gut stehen, auf den wir zornig sind, den wir nicht gern haben. Denken wir an jenen Menschen und beten wir in Stille, in diesem Augenblick, für diese Person und werden wir barmherzig gegenüber diesem Menschen" *(Angelus, 15.9.13).*

An einem solchen Zitat – es gäbe noch viele weitere – können wir am besten ablesen, was Franziskus mit Barmherzigkeit meint: Er spricht vor allem als Seelsorger. Anders sieht es mit praktischen Folgerungen aus seinem Hohelied der Barmherzigkeit aus, vor allem bei kirchlichen Vorschriften; da geht der Papst nicht ins Detail. Beichtvätern rät er immer wieder, sie sollten nicht zu streng sein, aber auch nicht zu lax. „Er will nicht die Lehre ändern, er ist ein Konservativer", erklärt sein langjähriger Sprecher aus Buenos-Aires-Zeiten, Guillermo Marcó. „Aber er wird die Art und Weise, sich einem Problem zu nähern, verändern" *(in: Osservatore Romano, ital. Ausgabe, 19.3.14).*

Beichte/Buße

„Beichten geht nicht per E-Mail"

Ende März 2014 leitete Papst Franziskus im Petersdom in Rom eine Bußliturgie zur Fastenzeit. Einige Gläubige sollten auch beim Papst selbst beichten können. Zeremonienmeister schleusten ihn daher zum vorgesehenen Beichtstuhl – doch da scherte Franziskus auf einmal aus, ging zu einem anderen Beichtstuhl, in dem ein Priester saß, kniete sich davor und beichtete erst einmal selbst. Eine schöne Szene, ein schönes Foto: und eine klare Botschaft.

Franziskus spricht oft über das Thema Beichte, und er formuliert fast drastisch: Beichten sei „nicht das Gleiche wie zum Psychiater zu gehen, und auch nicht das Gleiche wie in die Folterkammer zu gehen" *(Frühmesse in Santa Marta, 25.10.13)*. Vielmehr ist es aus seiner Sicht eine persönliche Begegnung mit Jesus Christus. „Du gehst hin als Sünder, er aber wartet, um dir zu vergeben. *(Pfingstvigil, 18.5.13)*. Auf diese überraschende Erfahrung der Begegnung mit einem Lebendigen kommt es dem Papst beim Thema Beichte an.

Das heißt aber nicht, dass das Sündenbekenntnis eher schwammig sein darf. Im Gegenteil: Franziskus wünscht es sich so konkret, so detailliert wie möglich. „Wir suchen immer nach Rechtfertigungen: ‚Aber wir sind ja alle Sünder'" *(Frühmesse, s. o.)* – genau gegen diese Haltung gelte es zu kämpfen. „Wenn wir das nicht zugeben, dann können wir auch Gottes Vergebung nicht erlangen, denn wenn das Sünder-Sein nur ein Wort ist, eine Redensart, dann haben wir Gottes Vergebung nicht nötig. Darum empfiehlt der Papst: „Gehen wir zum Bruder, zum Bruder Priester, und legen diese innere Beichte ab ...: ‚Ich will das Gute, ich möchte gerne besser sein, aber wissen Sie, manchmal kämpfe ich mit mir, manchmal habe ich das und das und das ...'" Ganz konkret: Denn „so konkret, wie das Heil ist, das Jesus uns bringt, ebenso konkret ist auch unsere Sünde" *(ebd.)*.

„Seid offen eurem Beichtvater gegenüber. Immer. Sagt alles, habt keine Angst." Das hat der Papst einmal Priesteramtskandidaten geraten *(Treffen mit Seminaristen, 6.7.13)*. „Immer dem Beichtvater die Wahrheit sagen ... ohne etwas zu verheimlichen, ohne Halbwahrheiten, weil man in der Person des Beichtvaters mit Jesus spricht. Und Jesus kennt die Wahrheit ..." *(ebd.)*.

Franziskus hält nicht viel davon, wenn Leute sagen, sie gingen nicht in den Beichtstuhl, sondern sie beichteten direkt bei Gott: „Das ist leicht, das ist, als beichte man per E-Mail ... Gott ist dort, in der Ferne, ich sage diese Dinge und muss nicht von Angesicht zu Angesicht beichten, es gibt kein Gespräch unter vier Augen" *(Frühmesse in Santa Marta, s. o.)*. Doch genau auf dieses Konkrete kommt es in Wirklichkeit an. Man sollte sich da an Kindern ein Beispiel nehmen, die in der Regel ihre Sünden ziemlich schonungslos auflisten. „Sie sind konkret, sie haben die Einfalt der Wahrheit" (ebd.). Beichten gehört zu unserer Beziehung zu Gott, denn „diese Beziehung ... ist nicht wie ein Schatz, den wir in einer Ecke unseres Lebens hüten, sondern er muss wachsen, er muss Tag für Tag genährt werden" *(Generalaudienz, 10.4.13)*. Darum lädt Papst Franziskus zu einer regelmäßigen Beichte ein (Betonung auf: regelmäßig). „Christsein heißt nicht bloß, die Gebote befolgen, sondern in Christus sein, wie er denken, wie er handeln, wie er lieben; es bedeutet zuzulassen, dass er von unserem Leben Besitz ergreift und es verwandelt und frei macht vom Dunkel des Bösen und der Sünde" *(ebd.)*.

Bibel

"Seligpreisungen und Mt 25, mehr braucht ihr nicht zu lesen"

Der heilige Franz von Assisi hielt im 13. Jahrhundert nicht allzu viel von Schriftgelehrtheit, und auch sein Namensvetter Papst Franziskus äußert sich manchmal ähnlich skeptisch. "Da wird jemand einwenden: ,Nein, ich ziehe es vor, den Glauben in den Büchern zu studieren!' Es ist wichtig, ihn zu studieren, aber siehst du, das allein genügt nicht! Das Wichtige ist die Begegnung mit Christus, die Begegnung mit ihm" *(Pfingstvigil, 18.5.13)*. Und Jesus könne man nun mal nicht (oder nicht nur) "in der Bibliothek" kennenlernen *(Frühmesse in Santa Marta, 26.9.13)*. Man muss sich bei diesen Worten vor Augen halten, dass Franziskus' Vorgänger im Papstamt, Benedikt XVI., ein Theologe war, der auf Grundlage der Evangelien in seiner Amtszeit drei Bücher über Jesus von Nazareth geschrieben hat – da spürt man schon einen starken Kontrast zwischen den zwei Päpsten. Zu Jugendlichen hat der Papst aus Argentinien einmal gesagt: "Da sind die Seligpreisungen: Was müssen wir tun, Vater? – Schau, lies die Seligpreisungen, die werden dir guttun. Wenn du dann wissen willst, was du konkret tun musst, lies Matthäus, Kapitel 25. Das ist das Muster, nach dem wir gerichtet werden. Mit diesen beiden Dingen habt ihr den Aktionsplan: die Seligpreisungen und Matthäus 25. Ihr braucht nichts anderes mehr zu lesen" *(an Jugendliche in Rio, 25.7.13)*.

Aber dieser erste Eindruck täuscht ein bisschen. Denn bei anderen Gelegenheiten legt der Papst den Christen das Bibellesen durchaus mit eindringlichen Worten ans Herz. Da sieht man wieder einmal, dass Franziskus sehr kontextbezogen spricht. „Aber Pater, ich höre Jesus zu, ich höre ihm sehr zu", imitierte Franziskus beim Besuch einer römischen Pfarrei ein Gespräch *(Predigt, 16.3.14)*. „Ach ja? Was hörst du denn so? – Ich höre Radio, Fernsehen, was die Leute so sagen ... Aber nehmen wir uns jeden Tag auch ein bißchen Zeit, um ... das Wort Jesu zu hören? Haben wir ein Evangelium zu Hause? Und ... lesen wir jeden Tag ein Stück aus dem Evangelium?" Er rate dazu, immer ein „ganz kleines Evangelium" in der Tasche zu haben und darin zu lesen, „wenn wir etwas Zeit haben, vielleicht im Bus" *(ebd.)*.

An einem Sonntag im April 2014 ließ Franziskus einmal an die Besucher seines Angelusgebets und an Gläubige in einer Stadtrandparrei kleine Gratisevangelien austeilen. Und blättert man in Bergoglios „Offener Geist und gläubiges Herz" (siehe die bibliografischen Hinweise am Schluss), die auf Exerzitien aus seiner Zeit als Erzbischof zurückgehen, dann kann man nur darüber staunen, in welchem Maße sie biblisch durchtränkt sind. Bei den erhaltenen Schriften des hl. Franz von Assisi verhält sich das übrigens genauso.

Dialog

„Manchmal fliegen auch die Teller"

Dialog muss echte Begegnung sein und darf nicht „sozusagen zu einem oberflächlichen ‚Dialogismus' verkommen, der im Grunde keine Begegnung zulässt" *(Bergoglio, Dienst, S. 119)*. Er ist aus der Sicht von Papst Franziskus ein Weg, um die „Mauer, die uns von dem anderen trennt" *(Frühmesse in Santa Marta, 24.1.14)*, zu überwinden und nicht „in dieser bitteren Brühe unseres Grolls isoliert" zu bleiben. „Einen Dialog führen ist nicht leicht, es ist schwer", weil man zunächst einmal demütig sein und dem anderen zuhören muss, statt gleich selbst loszulegen. Auch „wenn das nicht in der Bibel steht, wissen wir doch alle, dass man, um dies zu tun, jede Menge Kröten schlucken muss: Wir müssen dies tun, weil man nur so Frieden macht!" Mit einem Dialog sollte man, so rät der Papst, nicht zu lange warten: Strittige Fragen müssten „so schnell wie möglich" angegangen werden.

Vielleicht kommt uns die Hochschätzung des Papstes für den Dialog etwas banal vor: Es ist doch klar, dass es besser ist, wenn Streithähne miteinander reden, statt aufeinander zu schießen. Aber wir müssen bedenken, dass Franziskus in Argentinien eine blockierte, polarisierte Gesellschaft und eine politische Landschaft erlebt hat, in der das Wort „Dialog" meist wie ein Fremdwort klang. „Es ist normal, dass ihr streitet ... mitunter fliegen auch die Teller" *(Frühmesse in Santa Marta, 24.1.14)*, sagt der Papst zu Eheleuten, aber „niemals darf der Tag zu Ende gehen, ohne Frieden geschlossen zu haben, ohne einen Dialog, der manchmal auch nur in einer Geste bestehen kann". Was in den Familien gilt, stimmt auch im größeren, im weltweiten Maßstab: „In den Gesellschaften gibt es nur wenig Frieden, und das auch deshalb, weil es keinen Dialog gibt und weil man nur sehr zögerlich den engen Horizont der eigenen Interessen verlässt, um sich einer wirklichen, ehrlichen Auseinandersetzug zu öffnen" *(Ansprache an Teilnehmer eines Friedenstreffens, 30.9.13)*.

Ehe und Familie

„Hören Sie auf, die Hemden zu bügeln"

Papst Franziskus glaubt an die Heiligkeit der Ehe zwischen Mann und Frau, an ihre Unauflöslichkeit und daran, dass Ehe und Familie eine entscheidende Keimzelle von Kirche und Gesellschaft sind. Gleichzeitig nimmt er aber wahr, dass sie „wie alle Gemeinschaften und sozialen Bindungen" *(EG, Nr. 66)* derzeit „eine tiefe kulturelle Krise" durchmachen. „Im Fall der Familie wird die Brüchigkeit der Bindungen besonders ernst, denn es handelt sich um ... den Ort, wo man lernt, in der Verschiedenheit zusammenzuleben und anderen zu gehören" *(ebd.)*. Angesichts der vielen Fragen, die die Krise von Ehe und Familie aufwirft – die Stichworte lauten Scheidung, Wiederheirat, Patchwork-Familien, gleichgeschlechtliche Lebensgemeinschaften –, will der Papst in einem längeren Synoden-Prozess die Ehe- und Familienpastoral insgesamt auf den neuesten Stand bringen; dazu führte der Vatikan im Frühjahr 2013 eine Art Umfrage unter Bischöfen, aber auch Verbänden und einfachen Gläubigen in vielen Teilen der Welt durch, bei der auch Streitpunkte angesprochen wurden und die vielerorts für Aufsehen sorgte.

Es ist gewissermaßen die erste große Baustelle im argentinischen Pontifikat. Nicht um eine Veränderung der Lehre geht es Franziskus, aber um ihre seelsorgliche Übersetzung in heutige Lebenswelten. „Das ist ein langer Weg, den die Kirche zurücklegen muss. Ein Prozess, den der Herr will", sagte er in einem Interview mit dem „Corriere della Sera" *(5.3.14)*. „Wir müssen eine Antwort geben. Aber darüber müssen wir tief nachdenken ... Man muss vermeiden, an der Oberfläche zu bleiben ..." *(ebd.)*.

Der großen, erhofften Neuformulierung der kirchlichen Ehe- und Familienpastoral will Papst Franziskus nicht vorgreifen, das merkt man seinen Antworten auf Fragen zu diesem Bereich an. „Ich habe diesen Ausdruck von nicht verhandelbaren Werten nie verstanden", versetzt er, als er auf diese von Benedikt XVI. häufig beschworene Art von Werten angesprochen wird: „Werte sind Werte, Schluss. Ich kann doch auch nicht sagen, von den Fingern einer Hand wäre einer weniger nützlich als der andere. Darum verstehe ich nicht, in welchem Sinne es verhandelbare Werte geben könnte ..." *(Interview, s. o.)*. Zur Frage nach umstrittenen Ehe-Gesetzeswerken in westlichen Ländern bemerkt er zunächst: „Die Ehe wird zwischen einem Mann und einer Frau geschlossen", fährt dann aber fort: „Die weltlichen

Staaten wollen ... bestimmte Situationen des Zusammenlebens regeln ... Es geht um Pakte des Zusammenlebens unterschiedlicher Art ... Man muss die einzelnen Fälle sehen und in ihrer Verschiedenheit beurteilen" *(ebd.)*. Zum Ausschluss von Geschiedenen, die wieder geheiratet haben, von der Kommunion betont er in einem anderen Interview, das sei „keine Strafe. Es ist gut, daran zu erinnern" *(Interview mit La Stampa, 15.12.13)*. Das klingt nach Öffnungen, bleibt aber undeutlich – vielleicht gewollt undeutlich. Umso mehr lässt es aber aufhorchen, wie Franziskus andererseits die heiß umstrittene Enzyklika „Humanae Vitae" würdigt, mit der Paul VI. Ende der Sechzigerjahre die künstliche Geburtenkontrolle verurteilte: „Alles hängt davon ab, wie man Humanae Vitae interpretiert. Paul VI. selbst riet am Schluss den Beichtvätern, viel Erbarmen und Aufmerksamkeit für die konkreten Lebenslagen walten zu lassen. Aber seine Genialität war prophetisch, er hatte den Mut, sich gegen die Mehrheit zu stellen, die moralische Disziplin zu verteidigen, eine kulturelle Bremse zu ziehen ..." *(Interview mit dem Corriere della Sera, s. o.)*. Sprach's und wiederholte dann, was für seinen Ansatz in Sachen Ehe und Familie generell gilt: „Die Frage ist nicht, ob man die Lehre ändert, sondern, ob man in die Tiefe geht und dafür sorgt, dass die Pastoral die einzelnen Lebenslagen und das, wozu die Menschen jeweils imstande sind, berücksichtigt" *(ebd.)*. Die Lehre ist, wie sie ist, macht der Papst damit klar. Entscheidend ist für ihn ihre Anwendung aufs Konkrete: die Seelsorge.

Zur Scheidung hat der heutige Papst als Kardinal bemerkt, „die Ehe, bis dass der Tod sie scheidet, (sei) ein sehr starker Wert. Dennoch denkt man heute in der katholischen Doktrin an die geschiedenen und wiederverheirateten Gläubigen, die nicht exkommuniziert sind ..., und bittet sie, sich in das Gemeindeleben einzufügen" *(Bergoglio, Himmel und Erde, S. 121)*. Die orthodoxen Kirchen hätten „eine noch größere Offenheit bezüglich der Scheidung" *(ebd.)*. Eine klare Verurteilung klingt anders: Franziskus geht es um Abwägung, nicht um das dauernde Wiederholen altbekannter Positionen, das die Kirche starr und unbarmherzig erscheinen lässt.

Generell sieht er das Problem, dass die Kirche sich „manchmal in kleine Dinge (hat) einschließen lassen, in kleine Vorschriften" *(Interview mit Jesuitenzeitschriften, veröffentlicht am 19.9.13)*. „Die wichtigste Sache ist aber die erste Botschaft: ,Jesus Christus hat dich gerettet.'" Außerdem ist Franziskus auf dem Gebiet der Lebensführung des Einzelnen gegen jede „spirituelle Einmischung in das persönliche Leben". Das ist für

Ehe und Familie

einen Papst eine bemerkenswerte Einstellung, zumindest in dieser Akzentuierung und dieser Deutlichkeit. Die Kirche dürfe auch „nicht endlos" nur von Ethik und Moral sprechen: „Wir müssen ... ein neues Gleichgewicht finden, sonst fällt auch das moralische Gebäude der Kirche wie ein Kartenhaus zusammen ... Die evangelische Botschaft darf nicht auf einige Aspekte verkürzt werden. Auch wenn diese wichtig sind, können sie nicht allein das Zentrum der Lehre Jesu zeigen" *(ebd.)*.
Im Gespräch mit jungen Leuten ermuntert Papst Franziskus dazu, den Mut zu einem lebenslangen „Ja" aufzubringen, trotz der heutigen „Kultur des Provisorischen" *(Treffen mit Jugendlichen in Assisi, 4.10.13)*. Oft hätten Mütter zu ihm gesagt: „Pater, mein Sohn ist jetzt schon dreißig und noch immer nicht verheiratet: Was soll ich bloß tun? Er hat eine sehr hübsche Freundin, aber er entscheidet sich nicht!" Die Antwort des Papstes: „Gute Frau, hören Sie einfach auf, seine Hemden zu bügeln! So ist das!" Und dann, wieder ernst: „Man darf keine Furcht davor haben, endgültige Schritte wie den der Ehe zu tun ..."

Einfachheit

Nachts spielt Gott mit dem schlaflosen Kind

Franziskus wirbt für eine größere Wertschätzung der Einfachen, Armen, Demütigen, und er bemüht sich auch selbst spürbar um einen möglichst einfachen Sprech- und Lebensstil. Hochmut den Einfachen gegenüber hält Franziskus für fehl am Platz. Vielleicht weiß ein einfacher Gläubiger nicht so gut zu erklären, wer die Jungfrau Maria ist, „dafür muss man sich an den Theologen wenden: Er wird dir sehr gut erklären, wer Maria ist" *(Frühmesse in Santa Marta, 25.5.13)*. Aber: „Wenn du wissen willst, wie man Maria liebt, dann geh zum Volk Gottes, es wird dir das besser und gut erklären." Der Papst erinnert sich daran, wie in Argentinien einmal „eine einfache Frau einen Priester um den Segen bat. Der Priester sagte ihr: Aber, liebe Frau, Sie waren gerade in der Messe! Und dann hat er ihr die gesamte Theologie des Segens in der Messe erklärt. Ah, danke, Herr Pfarrer, hat die Frau geantwortet. Aber als der Priester weg war, wandte sie sich an einen anderen Priester: Geben Sie mir den Segen!" Aus dieser Anekdote schließt Franziskus: „Die Worte hatten sie nicht erreicht,

weil sie etwas anderes brauchte, sie hatte das Bedürfnis, vom Herrn berührt zu werden. Das ist der Glaube, den wir suchen und den wir immer finden müssen ... Wir müssen ihn begünstigen, wachsen lassen, ihm helfen zu wachsen" *(ebd.)*.
Ausgerechnet in seiner ersten Enzyklika, die er mit Materialien seines Vorgängers Benedikt XVI. – eines ausgewiesenen Theologen – zusammengestellt hat, bekräftigt Franziskus, dass der Glaube der Wissenden und Eingeweihten keineswegs vollkommener oder richtiger ist als der Glaube der Einfachen. „Deswegen besteht kein Unterschied zwischen dem Glauben dessen, ‚der viel über ihn zu sagen weiß', und dessen, ‚der nur wenig sagen kann', zwischen dem Besseren und dem weniger Fähigen: Weder kann der Erste den Glauben vermehren, noch der Zweite ihn verringern" *(Enzyklika Lumen Fidei, 29.6.13, Nr. 47)*. Den italienischen Bischöfen sagte Papst Franziskus bei ihrer ersten großen Begegnung, sie sollten doch bitte „jede Art von Hochmut beiseite [schieben] *(Credo in St. Peter, 23.5.13)*".
„Aus dem Austausch mit den Demütigen und Einfachen geht unser Glaube immer gestärkt hervor ..." *(ebd.)*.
Aber warum können wir etwas vom Glauben der Einfachen lernen? Weil sie nach der Beobachtung von Franziskus oft ein besonderes Glaubens-

gespür haben, einen „sensus fidei". Schon aus seiner Zeit in Argentinien ist er ein Bewunderer der vielen Formen von Volksfrömmigkeit wie z. B. Wallfahrten, bei denen „die Sinne, die Gefühle und die Symbole der verschiedenen Kulturen" *(Predigt, 5.5.13)* mit einbezogen werden. „Es handelt sich um eine wahre, in der Kultur der Einfachen verkörperte Spiritualität", urteilt er in seinem programmatischen Schreiben „Evangelii Gaudium" *(Nr. 124)*: „Sie ist nicht etwa ohne Inhalte, sondern sie entdeckt und drückt diese mehr auf symbolischem Wege als durch den Gebrauch des funktionellen Verstandes aus." Und der Papst appelliert an alle Skeptiker: „Tun wir dieser missionarischen Kraft keinen Zwang an und maßen wir uns nicht an, sie zu kontrollieren!" *(ebd.)*.

Das „Dokument von Aparecida", ein Strategiepapier der lateinamerikanischen Kirche, das 2007 unter Federführung von Kardinal Bergoglio entstand, nennt die Volksfrömmigkeit eine „Mystik des einfachen Volkes" *(Nr. 262)*. Das klingt an die „Theologie des Volkes" an, eine argentinische Variante der Befreiungstheologie, der der heutige Papst verbunden ist.

Für Papst Franziskus gibt es, wie er als Kardinal einmal formulierte, so etwas wie eine „Erinnerung der Völker" *(Bergoglio, Offener Geist, S. 109)*.

Diese Erinnerung sei „kein herzloser Computer", sondern habe mit Gefühl zu tun: „Die Völker bewahren die Dinge in ihrem Herzen wie Maria."
Viele persönliche Erinnerungen an seine Zeit in Lateinamerika spielen bei Franziskus' Hochschätzung der Einfachen und Demütigen eine Rolle. Die „schönsten und spontansten Freuden, die ich im Laufe meines Lebens gesehen habe" *(EG, Nr. 7)*, sind „die ganz armer Leute (gewesen), die wenig haben, an das sie sich klammern können". Er denkt voller Dankbarkeit an viele Bekannte, „die es verstanden haben ... ein gläubiges, großzügiges und einfaches Herz zu bewahren" *(ebd.)*. Gott offenbart sich den Menschen, „die ein einfaches Herz haben, den Kleinen, die wir oft als die Geringsten betrachten" *(Treffen mit Kindern in Assisi, 4.10.13)*, ist Papst Franziskus überzeugt. Und er erzählte gerührt von einem Brief, den ein Kind ihm geschrieben hatte: „In diesem Brief, im Herzen dieses Jungen, liegt die Schönheit, die Liebe, die Poesie Gottes ... wenn dieser Junge nicht einschlafen kann, dann spielt er mit seinem Schutzengel; es ist Gott, der herabkommt, um mit ihm zu spielen" *(ebd.)*.
Franziskus verteidigt sich gegen den Vorwurf, sein Zugehen auf die Einfachen sei Populismus: Er sehe „die Heiligkeit im Volk Gottes, seine tägliche Heiligkeit" *(Interview mit Jesuitenzeitschrif-*

ten, veröffentlicht am 19.9.13). Aus seiner Sicht gibt es geradezu eine „Mittelklasse der Heiligkeit", bei der die Geduld „als Ausdauer im täglichen Weitergehen" eine wichtige Rolle spielt. „Das war die Heiligkeit meiner Eltern, meines Vaters, meiner Mutter, meiner Großmutter Rosa ... In meinem Brevier habe ich das Testament meiner Großmutter Rosa. Ich lese es oft: Es ist für mich wie ein Gebet" *(ebd.).*

Evangelisieren

„Mir ist eine verbeulte Kirche lieber"

Der Begriff „evangelisieren" oder sogar „Neuevangelisierung" wurde vor allem von den Päpsten Johannes Paul II. und Benedikt XVI. verwendet; für den heutigen Papst ist er nicht sehr typisch, Franziskus spricht lieber von „hinausgehen". Im sogenannten „Vorkonklave" aber, also bei den Kardinalsberatungen nach dem Amtsverzicht von Benedikt XVI., wählte Kardinal Bergoglio für seinen kurzen Redebeitrag hinter verschlossenen Türen die Evangelisierung als Thema – und ließ seine Mitbrüder damit aufhorchen. Sie sei, so heißt es auf Bergoglios Notizzettel, der bald nach seiner Papstwahl den Weg ins Internet fand, „der Daseinsgrund der Kirche" *(Übersetzung KNA, 27.3.13)*: „Es ist Jesus Christus selbst, der uns von innen her dazu antreibt." Doch die Evangelisierung braucht nicht nur „apostolischen Eifer", so Kardinal Bergoglio damals, sondern sie „setzt in der Kirche kühne Redefreiheit voraus": Nur dann könne die Kirche „aus sich selbst herausgehen und an die Ränder gehen", dahin, wo Menschen in jeder Hinsicht im Elend leben. „Wenn die Kirche nicht aus sich selbst herausgeht, um das Evangelium zu verkünden, kreist sie um sich selbst. Dann wird sie krank ..." Jesus klopft sozusagen „von innen" bei uns an, „damit wir ihn herauskommen lassen"; die „egozentrische Kirche" darf den Herrn nicht für sich behalten. Von „zwei Kirchenbildern" sprach Kardinal Bergoglio bei dieser Rede kurz vor der Papstwahl: auf der einen Seite „die weltliche Kirche, die ... von sich und für sich lebt" („Diese Kirche lebt, damit die einen die anderen beweihräuchern"); und auf der anderen Seite „die verkündende Kirche, die aus sich selbst hinausgeht" *(ebd.)*.

In seiner ersten großen Programmschrift „Evangelii Gaudium" führte Papst Franziskus diese Gedanken weiter aus. Kennzeichnend dabei ist nun, dass er „Evangelisieren" unmittelbar mit „Freude" assoziiert: „Die Freude des Evangeliums" heißt schon der Titel, ins Deutsche übertragen. „Die Freude des Evangeliums erfüllt das Herz und das gesamte Leben derer, die Jesus begegnen" *(Nr. 1)* – das ist der Ausgangspunkt des Papstes. „Diejenigen, die sich von ihm retten lassen, sind befreit von der Sünde, von der Traurigkeit, von der inneren Leere und von der Vereinsamung. Mit Jesus Christus kommt immer – und immer wieder – die Freude." Evangelisieren heißt also: die Freude bringen als Gegenmittel für „eine individualistische Traurigkeit, die aus einem bequemen, begehrlichen Herzen hervorgeht ... aus einer abgeschotteten Geisteshaltung" *(Nr. 2)*.

Die Frohe Botschaft anderen weitersagen – das ist die Aufgabe aller, schreibt der Papst. „Jetzt dient uns nicht eine reine Verwaltungsarbeit. Versetzen wir uns in allen Regionen der Erde in einen Zustand permanenter Mission" *(Nr. 25)*. Strukturen müssten „alle missionarischer werden" *(Nr. 27)*, die „gewöhnliche Seelsorge in all ihren Bereichen expansiver und offener", und „die in der Seelsorge Tätigen (müssten) in eine ständige Haltung des ‚Aufbruchs' versetzt" *(ebd.)* werden, sodass schließlich alle zum Verkünden ermutigt würden. Das Argument „Es wurde immer so gemacht" *(Nr.*

33) will der Papst künftig in der Seelsorge nicht mehr hören: „Ich lade alle ein, wagemutig und kreativ zu sein in dieser Aufgabe, die Ziele, die Strukturen, den Stil und die Evangelisierungs-Methoden der eigenen Gemeinden zu überdenken."

Mit immer neuen Wendungen wirbt Franziskus: „Brechen wir auf, gehen wir hinaus, um allen das Leben Jesu Christi anzubieten!" *(Nr. 49).* Ihm sei „eine ‚verbeulte' Kirche, die verletzt und beschmutzt ist, weil sie auf die Straßen hinausgegangen ist, lieber als eine Kirche, die aufgrund ihrer Verschlossenheit und ihrer Bequemlichkeit ... krank ist".

Auffallend ist, wie Franziskus einerseits betont: „Das ganze Volk Gottes verkündet das Evangelium" *(Drittes Kapitel, I.),* und zwar „von Mensch zu Mensch" *(Zwischenüberschrift);* wie er andererseits aber sehr, sehr ausführlich die Rolle des Priesters, genauer: des Predigers, absteckt. Geradezu minutiös beschreibt er, wie er sich die Vorbereitung auf eine Predigt wünscht und was eine gute Predigt ausmacht. Damit verweist Franziskus auf den aus seiner Sicht entscheidenden Moment, in dem das Wort Gottes die Gläubigen erreichen und in Bewegung setzen kann: die Predigt nämlich. „Die gesamte Evangelisierung beruht auf dem Wort (Gottes), das vernommen, betrachtet, gelebt, gefeiert und bezeugt wird" *(Nr. 174).*

Flüchtlinge

„Jesus war Flüchtling und kein Tourist"

Der Einsatz für Flüchtlinge ist eines der Herzensanliegen von Papst Franziskus. Seine erste Reise als Papst überhaupt führte ihn im Sommer 2013 auf die kleine Mittelmeerinsel Lampedusa, an Italiens südlichsten Punkt, den noch nie ein Papst besucht hatte: Hier wollte er auf das Drama der Bootsflüchtlinge aufmerksam machen. Franziskus traf sich mit Überlebenden solcher dramatischer Überfahrten von Afrika ins gelobte Land Europa, er warf auch einen Kranz ins Meer zur Erinnerung an alle, die bei der Überfahrt ihr Leben verloren haben; es sind ca. 25.000 Menschen in den letzten zwei Jahrzehnten. Und schließlich feierte er eine Messe mit den Bewohnern der Insel – darunter viele Fischer, die immer wieder mal gekenterte Flüchtlinge aus dem Wasser ziehen und damit retten. Als Unterbau des Altars diente ein einfaches Fischerboot, italienische Regierungsvertreter waren zu dieser Papstreise nicht eingeladen.

In seiner Predigt ging Franziskus von zwei Fragen aus, die Gott im Buch Genesis stellt: „Adam, wo bist du?" und – an den Brudermörder Kain gerichtet – „Wo ist dein Bruder?". „Sein Blut schreit bis zu mir, sagt Gott. Das ist keine Frage, die an andere gerichtet ist, es ist eine Frage, die an mich, an dich, an jeden von uns gerichtet ist" *(Predigt, 8.7.13)*. Die Bootsflüchtlinge „suchten einen besseren Ort für sich und ihre Familien ... wie oft finden sie kein Verständnis, finden sie keine Aufnahme und Solidarität! Der Papst klagte die Machenschaften von Menschenhändlern an und fragte eindringlich, wer eigentlich am Tod so vieler ertrunkener Bootsflüchtlinge schuld sei: „Wer ist der Verantwortliche für das Blut dieser Brüder und Schwestern? Niemand! Wir alle antworten so: Ich bin es nicht ... Aber Gott fragt einen jeden von uns: ‚Wo ist dein Bruder, dessen Blut zu mir schreit?'" Die heutige „Wohlstandskultur" gaukle uns vor, dass wir uns nur um uns selbst zu kümmern brauchten und nicht um die anderen, „sie lässt uns in Seifenblasen leben, ... die zur Gleichgültigkeit gegenüber den anderen führen, ja zur Globalisierung der Gleichgültigkeit".

Immer wieder kommt Franziskus, selbst der Sohn italienischer Einwanderer in Argentinien, auf das Thema Flüchtlinge und Einwanderer zurück. Im Gespräch mit zwei Landsleuten, die als Flüchtlinge nach Schweden gekommen waren und die ihn im Vatikan besuchten, klagte er darüber, „dass das Wort Flüchtlinge heute wie ein Schimpfwort gebraucht wird" *(Audio-Mitschnitt von Radio Vatikan, 13.2.14)*. „Wir haben so viele Flüchtlinge, und keiner will sie: Sie sind ein Schimpfwort. Dabei liegt das Heil eines Volkes doch vielleicht darin, dass es sich brüderlich um die schart, die ins Exil gehen mussten? Das bedeutet es doch, ein Bruder zu sein, oder?" Christen sollten nie außer Acht lassen, „dass Jesus ein Flüchtling war, als sie ihn in seiner Kindheit töten wollten"; gemeint ist dabei die Flucht nach Ägypten vor den Soldaten des Herodes. „Das ist eine der ersten Botschaften des Evangeliums: Jesus, der Flüchtling und nicht der Tourist. Er ging nicht aus Arbeitsplatzgründen, er entkam den Häschern! Wie ein Flüchtling." *(Ebd.)*

Frauen

„Ich fürchte mich vor einem Machismo im Rock"

Er fürchtet sich nach eigenen Angaben „vor einem ‚Machismo im Rock', denn Frauen sind anders strukturiert als Männer" *(Interview mit Jesuitenzeitschriften, veröffentlicht am 19.9.13)*. Was er an „Reden ... über die Rolle der Frau in der Kirche höre", ist für sein Gefühl „oft von einer Männlichkeitsideologie inspiriert". Doch Papst Franziskus betont: „Die Räume für eine wirkungsvollere weibliche Präsenz in der Kirche müssen weiter werden." Die Kirche könne „nicht sie selbst sein ohne Frauen und deren Rolle". Maria spiele in der Kirche eine wichtigere Rolle als alle Bischöfe, dabei hatte die Mutter Jesu keinerlei Amt in der Kirche. „Ich sage das, denn man darf Funktion und Würde nicht verwechseln." Für mehr Würde der Frau in der Kirche tritt der Papst also ein – und das Thema „Funktion" kommt erst an zweiter Stelle.

Franziskus findet, dass man „die Vorstellung der Frau in der Kirche vertiefen" sollte. Und erst, wenn das geleistet wäre, könnte man „besser über die Funktion der Frau im Inneren der Kirche nachdenken" *(ebd.)*. Das ist ein Ansatz, der an Franziskus' Versuch eines großen Neuentwurfs der Ehe- und Familienpastoral erinnert: Erst mal über das Grundsätzliche nachdenken und dann in einem zweiten Schritt konkrete Schlussfolgerungen daraus ziehen.

Der Papst ist gegen eine Priesterweihe von Frauen („weil im Christentum der höchste Priester Jesus ist, ein Mann", *Bergoglio, Himmel und Erde, S. 115*). Aber er glaubt andererseits, „der weibliche Genius (sei in der Kirche) nötig an den Stellen, wo wichtige Entscheidungen getroffen werden. Die Herausforderung heute ist: reflektieren über den spezifischen Platz der Frau gerade auch dort, wo in den verschiedenen Bereichen der Kirche Autorität ausgeübt wird" *(Interview mit Jesuitenzeitschriften, s. o.)*. Aber was ist denn nun der spezielle Platz von Frauen in der Kirche? Franziskus antwortet darauf nicht konkret, sondern erzählt von seiner Großmutter. „... es war vor allem ... die Mutter meines Vaters, die meinen Glaubensweg geprägt hat. Sie war eine Frau, die uns Jesus erklärte, uns von ihm erzählte, uns den Katechismus beibrachte" *(Pfingstvigil, 18.5.13)*. Frauen – die ersten Evangelisierer also und darum wichtiger als jeder Pfarrer oder Bischof. Sie sind ja schon die ersten Zeuginnen der Auferstehung Jesu gewesen, schon das zeigt doch, dass sie eine Schlüsselrolle haben, sagt der Papst: „Die Apostel und die Jünger tun sich schwerer zu glauben. Die Frauen nicht ..." *(Generalaudienz, 3.4.13)*.

Unbeeindruckt von allen „Gender"-Theorien stimmt Papst Franziskus (der, als er Kardinal war, öfters mal bei einem Nonnenkloster in Buenos Aires vorbeikam, einfach um dort den Abwasch zu machen) ein Lob der Mutterschaft an. „Viele Dinge können sich ändern und haben sich mit der kulturellen und sozialen Entwicklung geändert, aber es bleibt die Tatsache bestehen, dass es die Frau ist, die die Menschenkinder empfängt, in ihrem Schoß trägt und gebiert. Und das ist nicht nur ein rein biologisches Faktum, sondern es beinhaltet eine Fülle von Implikationen" *(Ansprache an einen Vatikan-Kongress zum Thema Frauen, 12.10.13).* Theologisch gesprochen hat Gott „ihr in ganz besonderer Weise den Menschen anvertraut".

Das heißt aber nicht, dass man Mutterschaft deswegen „auf eine gesellschaftliche Rolle" reduzieren und Frauen auf den zweiten Platz in der Gesellschaft und in der Kirche verbannen darf. Er leide, so sagt der Papst, wenn er im kirchlichen Bereich „Fronarbeit" von Frauen sehe: „Versteht ihr mich? Dienst. Wenn ich Frauen sehe, die Dinge des ‚servidumbre' (*span., Fronarbeit*) tun, das bedeutet, dass man nicht recht versteht, was eine Frau tun soll. Welche Präsenz hat die Frau in der Kirche? Kann sie stärker gewürdigt werden? Das ist eine Realität, die mir sehr am Herzen liegt ..." *(ebd.).*

Gebet

„Nicht wie die Papageien"

„Auf Gottes Angesicht schauen, aber vor allem ... sich angeschaut fühlen" *(Franziskus, Pfingstvigil, 18.5.13)*: Das bedeutet Gebet für Papst Franziskus. „Der Herr schaut uns an ... Wir meinen, wir müssten beten, sprechen, sprechen, sprechen ... Nein! Lass dich vom Herrn anschauen. Wenn er uns anschaut, gibt er uns Kraft."
Franziskus glaubt an die Macht des Gebets. „Selbst mit einem Agnostiker können wir, ausgehend von seinem Zweifel, gemeinsam nach oben blicken und die Transzendenz suchen. Jeder betet gemäß seiner Tradition, wo liegt das Problem?" *(Bergoglio, Himmel und Erde, S. 226)*. Als im September 2013 alles auf ein US-Eingreifen im syrischen Bürgerkrieg hindeutete, hielt er einen außerordentlichen Tag des Fastens und Betens für den Frieden in Syrien auf dem Petersplatz ab. Als kurz darauf die USA in einer überraschenden Volte auf eine Militäraktion verzichteten, bemerkte er: „Wir haben gesehen, wie mächtig das Gebet ist! ... Verlieren wir nie den Mut zum Gebet!" *(Urbi et Orbi, 25.12.13)*. Am 8. Juni 2014 betete der Papst im Vatikan mit dem israelischen

und dem palästinensischen Präsidenten um Frieden in Nahost.
Der Papst bemüht sich, jeden Tag mit Momenten des Gebets zu durchtränken. Dabei dürfen wir durchaus auch mal Krach schlagen, wenn mir Gott mit einem Anliegen bestürmen: Denn ein Gebet, „das nicht mutig ist" *(Frühmesse in Santa Marta, 10.10.13)*, ist gar „kein richtiges Gebet".

Glauben und Nichtglauben

„Unser Glaube ist revolutionär"

Der Glaube ist für den Papst nicht etwas Festgefügtes, Ummauertes, sondern – ganz im Gegenteil – eine offene Tür. Eine „Tür, die durchschritten werden muss, um das zu finden, was uns so sehr fehlt" *(Bergoglio, Hirtenbrief zur Eröffnung des Jahres des Glaubens 2012, in: Osservatore Romano dt., 3.5.2013)*. „Gott klopft an die Tür unseres Herzens ... Diese Tür zu durchschreiten setzt voraus, einen Weg einzuschlagen, der das ganze Leben andauert ..." *(ebd.)*.
Eine Tür also. Und ein Weg. Die Begegnung mit einem Lebendigen. „Ich meine, wir müssen das

wiederfinden, was das Religiöse im Kern ist: Bewegung hin zu einer wirklichen Begegnung mit Jesus Christus" *(Bergoglio, Jesuita, S. 91)*.
Eine solche Begegnung mit Gott ist allerdings, so überlegt Bergoglio an anderer Stelle, „nicht kontrollierbar. Man spürt, dass Er da ist, man ist sich sicher, aber man kann es nicht kontrollieren" *(Bergoglio, Himmel und Erde, S. 29)*. Zwar macht sich der Mensch die Natur untertan, so wie Gott das im Buch Genesis angeordnet hat – doch „mit seinem Schöpfer kann er das nicht machen ... Deshalb gibt es in der Gotteserfahrung immer ein Fragezeichen, einen Freiraum, wo man den Glauben wagt" *(ebd.)*. Ein Wagnis also auch. Außerdem: „Jeder hat seine eigene Weise, zum Glauben zu kommen" *(Bergoglio, Himmel und Erde, S. 98)*. Die einen glauben sofort, anderen fällt das schwerer. „In einem Augenblick großer spiritueller Intensität" *(Bergoglio, Jesuita, S. 139)* hat der heutige Papst einmal vor seiner Priesterweihe ein persönliches Glaubensbekenntnis geschrieben, dass er bis heute aufhebt. Es ist ein beredtes Beispiel dafür, dass jeder wirklich seinen eigenen Weg im Glauben hat: „Ich will an Gott den Vater glauben, der mich wie einen Sohn liebt, an Jesus Christus, den Herrn, der seinen Heiligen Geist in mein Leben eingoss, um mir ein Lächeln zu schenken ... Ich glaube an die Ge-

duld Gottes, die mich aufnimmt und die gut ist wie eine Sommernacht" *(ebd., S. 149)*.
Der Papst ist überzeugt: „Unser Glaube ist revolutionär, er trägt seinen Grund in sich selbst." Papst Franziskus nennt den Glauben auch „kämpferisch": „... unser Glaube wird mit dem Wissen um den Feind kämpferisch sein ... Wir wissen, wofür wir kämpfen" *(Bergoglio, Offener Geist, S. 40)*. Das bedeutet aber nicht, dass wir den Glauben sicher in der Tasche haben und über ihn verfügen. „Zunächst würde ich nicht, nicht einmal für den Glaubenden, von ‚absoluter' Wahrheit sprechen im Sinne, dass absolut das ist, was los, frei von jeglicher Beziehung ist" *(Brief an Eugenio Scalfari, 11.9.13)*, steht in einem Brief von Papst Franziskus an einen bekannten italienischen Nichtglaubenden. „Nach dem christlichen Glauben ist die Wahrheit die Liebe Gottes zu uns in Jesus Christus. Wahrheit ist also eine Beziehung!" So wie auch der Glaube eine Beziehung ist. „Hat nicht Jesus selbst gesagt: ‚Ich bin der Weg, die Wahrheit und das Leben'?" Glauben gibt es also nur als Weg hin zur Wahrheit und zusammen mit der Wahrheit. Man sucht und findet im Immer-weiter-Gehen, so der Papst.
Der Weg, die Tür, die Beziehung: Glaube ist etwas Dynamisches, das uns in Bewegung setzt.

Wer stehen bleibt und sich im Sicher-Geglaubten einrichtet, riskiert, ein Fundamentalist zu werden. „Kein Gläubiger kann den Glauben auf seine Person, seinen Clan ... seine Stadt einschränken. Ein Gläubiger ist wesentlich ein Mensch, der auf einen anderen Gläubigen – oder auf einen, der nicht glaubt – zugeht und ihm die Hand entgegenstreckt" *(Bergoglio, Himmel und Erde, S. 36 f.)*.

Zu Nichtglaubenden oder Zweiflern hat der Papst keine Berührungsängste. Wenn er Atheisten treffe, „tausche ich mich über menschliche Belange aus, doch ich werfe nicht gleich zu Beginn die Frage nach Gott auf" *(Bergoglio, Himmel und Erde, S. 27)* aus Respekt vor den Überzeugungen des anderen. Keine plumpen Bekehrungsversuche und erst recht keine Vorwürfe oder Ähnliches, „denn ich bin überzeugt davon, dass ich kein Recht habe, ein Urteil über die Aufrichtigkeit eines anderen Menschen zu treffen. Erst recht nicht, wenn er menschliche Vorzüge aufweist ..." Jeder Mensch ist ein „Ebenbild Gottes, ob er nun gläubig ist oder nicht" *(ebd., S. 28)*.

Globalisierung

„Angepasste Passagiere im letzten Waggon"

Zwei Punkte kennzeichnen das Denken von Papst Franziskus über die Globalisierung. Der eine ist seine markante Formulierung „Globalisierung der Gleichgültigkeit" *(Predigt auf Lampedusa, 8.7.13)*, mit der er fehlende Aufmerksamkeit für Arme, Geknechtete, an den Rand Gedrängte anprangert. Der andere ist sein originelles Werben für „die Figur des Polyeders, wo sich alle eingliedern, jedoch jeder Einzelne seine Eigenheit bewahrt, die wiederum alle anderen bereichert" *(Bergoglio, Himmel und Erde, S. 169)*; diese multiforme Kultur sei die einzig „wahre, zu verteidigende Globalisierung". „Die andere Globalisierung – die der Kugel – ist Uniformismus" *(Video-Botschaft, 21.11.13)*, „Nivellierung", „Vereinheitlichung" *(ebd.)*.

Dieser Papst ist ein begnadeter Globalisierungskritiker. „Die gleichmacherische Globalisierung ist ihrem Wesen nach imperialistisch und in ihrem Wirken liberal, menschlich jedoch ist sie nicht. Letztendlich ist es eine Art, die Völker zu versklaven" *(Bergoglio, Himmel und Erde, S. 170)*. Zwar bringt sie „einige gute Dinge" mit sich,

„doch wenn der Schwerpunkt ein bisschen anders liegt, unterjocht sie die Völker". Für Franziskus kommt es eben ganz entscheidend auf das richtige Zusammenspiel von „Globalisierung und der Lokalisierung" *(EG, Nr. 234)* an: Nur dann könne man „mit beiden Beinen auf dem Boden der Realität bleiben", ohne „in die alltägliche Kleinlichkeit zu fallen". Wortgewaltig führt er aus, es gehe weder, „dass die Bürger in einem abstrakten und globalisierenden Universalismus leben, als angepasste Passagiere im letzten Waggon, die mit offenem Mund und programmiertem Applaus das Feuerwerk der Welt bewundern, das anderen gehört", noch „dass sie ein folkloristisches Museum ortsbezogener Eremiten werden". Vor allem die „neue Vergötterung des Geldes" *(ebd., Zwischenüberschrift)* stört den Papst an der Globalisierung: „Die Kultur des Wohlstands betäubt uns" *(Nr. 234)*, das Geld regiert als neuer, selbst geschaffener „Götze" *(Nr. 55)*, und „friedlich akzeptieren wir seine Vorherrschaft über uns und über unsere Gesellschaften". Das „System" neige dazu, „alles aufzusaugen, um den Nutzen zu steigern"; „alles Schwache wie die Umwelt" sei „wehrlos gegenüber den Interessen des vergötterten Marktes", die Kultur werde okkupiert „von dem, was äußerlich, unmittelbar, sichtbar, schnell, oberflächlich und provisorisch ist" *(Nr. 62)*, und diesem geballten Druck hätten die Wertesysteme vieler Länder, etwa in Afrika, nichts entgegenzusetzen. Familien- und Nachbarschaftsbande zerbröselten, und zu allem Überfluss überhäufe uns die „Informationsgesellschaft ... wahllos mit Daten ..., alle auf derselben Ebene, und (führt) uns schließlich in eine erschreckende Oberflächlichkeit ..." *(Nr. 64)*.

Was tun „angesichts dieser lähmenden negativen Globalisierung" *(Vorwort zu einem Buch von Kardinal Bertone, veröffentlicht am 10.11.13)*? Papst Franziskus findet, „dass wir die derzeitige nationale und internationale Situation hinter uns lassen müssen". Eine Wende also oder ein Ruck. Nötig sei „ein Werk des Wiederaufbaus" (das hört sich an wie nach einem Krieg), eine „Utopie des Guten". „Die unnachsichtige Globalisierung" *(an brasilianische Bischöfe, 27.7.13)* hat vieles versprochen, aber längst nicht alles eingelöst, und jetzt sind viele Menschen tief enttäuscht. Sie stehen vor einem „Vakuum, das sie sich nicht zu erklären vermögen ... Es braucht eine Kirche, die keine Angst hat, in die Nacht dieser Menschen hineinzugehen."

Gott

„Der konkrete Gott ist heute"

Natürlich redet Franziskus häufig über Gott; er ist ja schließlich der Papst. Aber was an seinem Gottesbild besonders auffällt, das ist die Dynamik, die Bewegung: Gott ist heute, er ist der Lebendige, er überrascht uns; und nicht in Büchern findet man ihn, sondern unterwegs. Während man ihn findet, verliert man ihn schon wieder, und umgekehrt – ein ständiger Prozess.

Der *„konkrete Gott* ist heute" *(Interview mit Jesuitenzeitschriften, veröffentlicht am 19.9.13),* sagt der Papst, und darum „begegnet man (ihm) im Heute", „in den laufenden Prozessen". Nicht so zwar, dass man *„Heureka"* rufen könnte, nicht mit „empirischen Methoden": „So begegnet man Gott nicht. Man findet ihn eher wie Elija im sanften, leisen Säuseln", mit wacher „geistliche(r) Sensibilität". „In allen Dingen Gott suchen und finden", hat der heilige Ignatius, Gründer des Jesuitenordens, geraten, und man merkt, dass der Jesuit Franziskus in diese Schule gegangen ist. „Das Zeichen dafür, dass man auf dem rechten Weg ist, ist das Zeichen tiefen Friedens, des geistlichen Trostes, der Liebe zu Gott und allen

Dingen in Gott." Aber auf diesem Weg kann man auch in die Irre gehen: „Ja, bei diesem Suchen und Finden Gottes in allen Dingen bleibt immer ein Bereich der Unsicherheit. Er muss da sein. Wenn jemand behauptet, er sei Gott mit absoluter Sicherheit begegnet, und nicht berührt ist von einem Schatten der Unsicherheit, dann läuft etwas schief."

Gottsuche ist „Risiko". „Abenteuer der Suche nach der Begegnung" – und gleichzeitig ein „Sich-suchen-Lassen von Gott". Der Weg bringt Überraschungen mit sich, sagt Franziskus, denn Gott ist ein Lebendiger, den wir nicht voraussagen können. „Gott ist der Immer-voraus-Seiende". Der „Gott der Überraschungen" *(Predigt bei einer Messfeier mit Jesuiten, 3.1.14)*. Wer Gott sucht, muss darum „ein Mensch sein mit einem unvollendeten Denken, einem offenen Denken", nicht allzu festgelegt. „Und das ist die Ruhelosigkeit unserer Leere. Diese heilige und schöne Ruhelosigkeit!" Ein solcher Gottsucher braucht ein „Herz", das „immer in Spannung ist", „das es sich nicht bequem macht", das „im Rhythmus eines Weges schlägt" *(ebd.)*.

Gott ist der, den man unterwegs trifft und nicht unbedingt erkennt, so wie das den Emmaus-Jüngern erging, als sie enttäuscht aus Jerusalem flüchteten. Der Gott des Weges. „Hier könnte einer sagen: Das ist Relativismus. Ist es Relativismus? Ja, wenn man ihn schlecht versteht; ... nein, wenn man ihn im biblischen Sinn versteht, für den Gott immer eine Überraschung ist ... Nicht du fixierst Zeiten und Orte der Begegnung mit ihm" *(Interview mit Jesuitenzeitschriften, s. o.)*. Das heißt aber nicht, dass nur manche Gott begegnen, andere hingegen nicht. „Ich habe eine dogmatische Sicherheit: Gott ist im Leben jeder Person. Gott ist im Leben jedes Menschen." Selbst wenn das Leben bei einigen Menschen „eine Katastrophe" ist, „ein Land voller Dornen und Unkraut": „Man kann und muss ihn in jedem menschlichen Leben suchen."

„Sind wir offen für die ‚Überraschungen Gottes'?" *(Predigt, 19.5.13)*, fragt der Papst. „Sind wir mutig, die neuen Wege zu beschreiten, die die Neuheit Gottes uns anbietet"? Oder haben wir „Angst, dass Gott sich einmischt und uns auf Wege führt, die wir nicht kontrollieren können" *(Bergoglio, Korruption, S. 72)*? Sind wir „selbstzufrieden" *(Bergoglio, Himmel und Erde, S. 48)* und haben „sämtliche Antworten auf sämtliche Fragen"? Dann „ist das ein Beweis dafür, dass Gott nicht mit (uns) ist". Es geht darum, Gott zu folgen, aber nicht „nur bis zu einem gewissen Punkt", sondern darüber hinaus, wirklich auf neues Terrain.

Herausgehen an den Rand

„Uns fehlen die anderen 99 Schafe"

Hinausgehen an die Ränder, an die Peripherie gehen, weitergehen: Das sind wohl die emblematischsten Formulierungen von Papst Franziskus. In seiner Zeit als Erzbischof von Buenos Aires war das Hinausgehen etwas ganz Konkretes: Am Rand der argentinischen Hauptstadt liegen die Elendsviertel, die sogenannten *„villas"*, in denen vor allem Einwanderer unter erbärmlichen Bedingungen hausen. Drogen und Prostitution gehören hier zum Alltag. Kardinal Bergoglio kam oft mit dem Bus in die *„villas"*, um mit den Menschen dort die Messe zu feiern, zu reden und Suppe zu essen. Das ist die erste, ganz konkrete „Peripherie", die der Papst meint: die unserer Städte. Und auch global gesehen wird Argentinien, die Heimat von Franziskus, als Peripherie behandelt: Er sei ja ein Bischof „vom Ende der Welt" *(erste Ansprache, 13.3.13)*, meinte der Papst unmittelbar nach seiner Wahl. Als Sohn italienischer Einwanderer in Argentinien, der in einem Immigrantenviertel der Hauptstadt aufwuchs, wird Franziskus ein geschärftes Gespür für Randlagen haben.

Die Kirche „ist aufgerufen, aus sich selbst herauszugehen und an die Ränder zu gehen", sagte Kardinal Bergoglio wenige Tage vor seiner Wahl zum Papst *(Bergoglio, Rede im Vorkonklave, März 2013, Übersetzung KNA)*. „Nicht nur an die geografischen Ränder, sondern an die Grenzen der menschlichen Existenz: die des Mysteriums der Sünde, die des Schmerzes, die der Ungerechtigkeit, die der Ignoranz, die der fehlenden religiösen Praxis, die des Denkens, die jeglichen Elends."

Aber warum soll ein Christ eigentlich herausgehen oder „immer gehen"? Ganz einfach: Weil Gott ein Gott der Beziehung und des Aufbruchs ist. „Gottes Sohn ist aus seinem Gottsein ‚herausgegangen' und ist uns entgegengekommen. Die Kirche steht mitten in dieser Bewegung" *(an den Päpstlichen Rat für Neuevangelisierung, 14.10.13)*. Ein „stillstehender Christ" *(Frühmesse in Santa Marta, 14.2.14)* ist für Papst Franziskus darum schlechterdings „undenkbar". Das Herausgehen zu den anderen, an den Rand, „das ist die Bewegung Gottes selbst!" *(an Katechisten, 29.9.13)*. Es ist „wichtig, weil es der Herr macht". Unser Gott ist nichts für Stubenhocker, er ist „kreativ, nicht verschlossen ... nie starr" *(an Katechisten, s. o.)*: Darum muss der, der ihm folgt, immer „zu Änderungen in der Lage sein ... Um bei Gott zu bleiben, muss man hinausgehen können, darf man keine Angst haben hinauszugehen" – sonst wird man „ein Feigling ..., eine Museumsstatue". Wenn ein Mensch, so wie sich der Papst das wünscht, hinausgeht an die Ränder, dann „kann mit ihm das geschehen, was manchem passiert, der auf der Straße unterwegs ist: ein Unfall ... Aber ich sage euch: Mir ist eine verunfallte Kirche tausendmal lieber und nicht eine kranke Kirche!" Jesus habe nicht gesagt: „Geht und arrangiert euch. Nein, das sagt er nicht! Jesus sagt: Geht; ich bin bei euch! ... Wenn wir meinen, weit wegzugehen, an die äußerste Peripherie, und uns vielleicht ein wenig fürchten, ist er in Wirklichkeit schon dort."

Papst Franziskus erinnert immer wieder mal an das biblische Gleichnis vom Hirten, der seine Schafe alleine lässt, um das eine verlorene Schaf zu suchen. Heute macht es die Kirche nach Ansicht des Papstes genau umgekehrt: „...wir haben eines von ihnen; uns fehlen die anderen 99! Wir müssen hinausgehen, wir müssen zu ihnen gehen! In dieser Kultur – sagen wir die Wahrheit – haben wir nur ein Schaf, wir sind in der Minderheit! Und spüren wir die Leidenschaft, den apostolischen Eifer, hinauszugehen und die anderen 99 zu finden?" *(auf einer Pastoraltagung in Rom, 17.6.13).* Oder kümmern wir uns nur um das eine Schaf, das wir haben? „Es ist einfacher, zu Hause zu bleiben, mit dem einen Schaf! Es ist einfacher mit diesem Schaf, es zu kämmen, es zu streicheln ..." Aber es ist eben nicht das, was Jesus von uns will. Hinausgehen heißt für den Papst auch, den Enttäuschten hinterherzugehen, die dem Christentum den Rücken kehren.

In einem internen Gespräch mit Ordensoberen hat Franziskus einmal zu bedenken gegeben: „Die großen Veränderungen der Geschichte haben sich verwirklicht, wenn die Realität nicht vom Zentrum, sondern vom Rande aus betrachtet wurde" *(Radio Vatikan dt., 3.1.14)*. Es sei, so meinte er bei einer anderen Gelegenheit, etwas ganz anderes, „sich zusammenzusetzen, um das Problem der Droge in einem armseligen Haus zu studieren" *(Interview mit Jesuitenzeitschriften, veröffentlicht am 19.9.13)*, oder aber „dorthin zu gehen, dort zu leben, das Problem von innen zu sehen und es zu studieren". Darum also dieses An-die-Peripherie-Gehen: Man muss das tun, „um wirklich die Realität zu kennen und das Leben der Menschen. Wenn das nicht passiert, riskiert man, abstrakte Ideologen oder Fundamentalisten zu sein" *(Radio Vatikan dt., s. o.)*.

Homosexualität

„Wer bin ich, um ihn zu verurteilen?"

Auf dem langen Rückflug von Brasilien nach Rom – das war nach seiner ersten Auslandsreise als Papst – wollte eine Journalistin wissen, ob es eine Art Homosexuellen-Netzwerk innerhalb des Vatikans gebe und was Franziskus in dieser Angelegenheit zu tun gedenke. Ein heikler Fragenkomplex.

Der Papst sagte: „Wenn einer *gay* ist und den Herrn sucht und guten Willen hat – wer bin dann ich, ihn zu verurteilen?" Worte, die sofort um die Welt gingen. „Der Katechismus der Katholischen Kirche erklärt das sehr schön", fuhr der Papst fort; damit bezog er sich, aber ohne es auszuführen, auf Absatz 2357 des vom Vatikan erstellten Weltkatechismus, der Homosexualität einerseits, auf die Bibel verweisend, „als schlimme Abirrung" einstuft *(Katechismus der Katholischen Kirche, München u. a. 1993)*; der aber andererseits (und das machte dann auch der Papst explizit) „sagt: Halt! Diese Menschen dürfen nicht an den Rand gedrängt werden, sie müssen in die Gesellschaft integriert werden" *(Flug Rio-Rom, s. o.)*. Und weiter: „Das Problem liegt nicht darin, diese

Tendenz zu haben, nein, wir müssen Brüder und Schwestern sein, denn das ist nur ein Problem von vielen. Das eigentliche Problem ist, wenn man aus dieser Tendenz eine Lobby macht: Lobby der Geizhälse, Lobby der Politiker, Lobby der Freimaurer – so viele Lobbys."
Es fiel auf, dass der Papst in seiner Spontanantwort die negative Einschätzung von Homosexualität durch Bibel und kirchliche Tradition nicht ausgesprochen, stattdessen aber seine Botschaft ins Positive gewendet hatte. Das erklärte er bald darauf in einem Interview: „Wir müssen das Evangelium auf allen Straßen verkünden" *(Interview mit Jesuitenzeitschriften, veröffentlicht am 19.9.13)* – mit der Betonung auf „allen". Die Kirche müsse „jede Form von Krankheit und Wunde pflegen". Während seiner Zeit als Erzbischof von Buenos Aires habe er „Briefe von homosexuellen Personen erhalten, die ‚sozial verwundet' sind, denn sie fühlten sich immer von der Kirche verurteilt. Aber das will die Kirche nicht." Zwar habe die Kirche jedes Recht der Welt, ihre „eigene Überzeugung im Dienst am Menschen auszudrücken" – damit war wohl, aber ohne das explizit zu sagen, die negative Beurteilung praktizierter Homosexualität gemeint. Aber „Gott hat uns in der Schöpfung frei gemacht", so fuhr der Papst gleich fort: „Es darf

keine spirituelle Einmischung in das persönliche Leben geben."

Wenn man ihn „provozierend" frage, was er von Homosexualität halte, dann antworte er – da ist er ganz Jesuit – „mit einer anderen Frage": „Sag mir: Wenn Gott eine homosexuelle Person sieht, schaut er diese Existenz mit Liebe an oder verurteilt er sie und weist sie zurück?" Franziskus weiter: „Man muss immer die Person anschauen. Wir treten hier in das Geheimnis der Person ein. Gott begleitet die Menschen durch das Leben und wir müssen sie begleiten und ausgehen von ihrer Situation. Wir müssen sie mit Barmherzigkeit begleiten" *(ebd.).*

Dabei hat sich Erzbischof Bergoglio durchaus deutlich in seiner argentinischen Heimat gegen eine Legalisierung gleichgeschlechtlicher Partnerschaften durch den Staat in die Bresche geworfen und eine solche Union als „anthropologischen Rückschritt" *(Bergoglio, Himmel und Erde, S. 127)* definiert: „Denn es hieße eine Jahrtausende alte Institution", die Ehe nämlich, „schwächen, die in Übereinstimmung mit der Natur und der Anthropologie herausgebildet wurde". Es habe zwar „immer Homosexuelle gegeben" *(ebd., S. 128)*, „doch in der Geschichte hat es nie einen Versuch gegeben, dem denselben Stellenwert wie der Ehe zu geben".

Internet und neue Medien

„Ein Netz aus Menschen, nicht aus Leitungen"

Er hat in seiner Kindheit viel Zeit am Radio verbracht, und als Erzbischof von Buenos Aires gründete er sogar einen eigenen Bistums-TV-Sender (Canal 21) – doch mit Internet und den neuen Medien hat es Papst Franziskus nicht so. Immerhin twittert er nahezu täglich und erreicht mit seinem Account @Pontifex Millionen von Followern, auch auf Deutsch. Dabei zeigt er einiges Talent, pointiert Wichtiges herüberzubringen. Zwei Beispiele: „Wir können nicht ruhig schlafen, während Kinder an Hunger sterben und alte Menschen keine medizinische Versorgung haben" *(17.8.13)*. Oder: „Ärgern wir uns über jemanden? Beten wir für ihn. Das ist christliche Liebe" *(17.6.13)*.

Das Internet ist für den Papst „ein Geschenk Gottes" *(Medienbotschaft, 24.1.14)*, weil es „allen größere Möglichkeiten der Begegnung und der Solidarität untereinander bieten" kann. Allerdings sieht er auch „problematische Aspekte": „Die Geschwindigkeit der Information übersteigt unsere Reflexions- und Urteilsfähigkeit";

die geballte Masse an „Meinungen" (das Wort ‚Shitstorm' taucht bisher in keinem päpstlichen Dokument auf) kann uns auch „in einen Raum von Informationen" einsperren, „die nur unseren Erwartungen und Vorstellungen oder auch bestimmten politischen oder wirtschaftlichen Interessen entsprechen".

Doch all das ist kein Grund für Papst Franziskus, die *social media* in Bausch und Bogen zu verdammen. Das Kommunizieren ist „letztlich" eben für ihn „mehr eine menschliche als eine technologische Errungenschaft". Und darum ist es entscheidend, dass das Menschliche nicht durch die Maschen des digitalen Netzes rutscht; denn wenn man dieses Netz nur richtig nutzt, dann kann es „ein an Menschlichkeit reicher Ort sein, nicht ein Netz aus Leitungen, sondern aus Menschen ...". Die „digitalen Straßen" sind „überfüllt von Menschen, die oft verwundet sind: Männer und Frauen, die eine Rettung oder eine Hoffnung suchen. Auch dank des Netzes kann die christliche Botschaft ‚bis an die Grenzen der Erde' (*Apg* 1,8) gelangen." Dabei sollten die Christen allerdings nicht plump vorgehen: „Christliches Zeugnis gibt man nicht dadurch, dass man die Menschen mit religiösen Botschaften bombardiert, sondern ... durch die Bereitschaft, sich mit Geduld und Respekt auf ihre Fragen und Zweifel einzulassen." Kurz gesagt: „Habt keine Angst, Bürger der digitalen Umwelt zu werden." Bürger – nicht nur *User*.

„Kommunikation, Hyperkommunikation ... wie viele unserer Worte füreinander sind überflüssig? Wie viel davon ist Geschwätzigkeit ...? Könnten wir uns nicht vornehmen, jedes ‚Gezwitscher' zu vermeiden, das allein ‚aus Lust am Schwätzen' stattfindet?" *(Bergoglio, Jesuita, S. 210)*.

Jesus

„Ich merkte, dass ich erwartet wurde"

Jesus ist keine ferne Persönlichkeit der Antike, sondern ein Lebendiger: Man kann ihm begegnen, heute. „Für mich ist der Glaube aus der Begegnung mit Jesus hervorgegangen", sagt Papst Franziskus *(Brief an Eugenio Scalfari, 11.9.13)*. „Eine persönliche Begegnung, die mein Herz berührt und meinem Leben eine Richtung und einen neuen Sinn gegeben hat." Natürlich kann man sich Jesus auch zunächst einmal über das Lesen der Evangelien nähern – dann findet man ihn, wie der Papst formuliert, „in der spröden Konkretheit seiner Geschichte". Aber die Begegnung mit Jesus ist das Entscheidende: „... so wächst der Glaube! Durch die Begegnung mit einer Person, durch die Begegnung mit dem Herrn. Da wird jemand einwenden: ,Nein, ich ziehe es vor, den Glauben in den Büchern zu studieren!' Es ist wichtig, ihn zu studieren, aber siehst du, das allein genügt nicht! Das Wichtige ist die Begegnung mit Christus, die Begegnung mit ihm" *(Pfingstvigil, 18.5.13).*

Er kann selbst von einer Begegnung mit Jesus erzählen, die sein Leben verändert hat: an einem Septembertag, als er 16 Jahre alt war und in einer Kirche von Buenos Aires beichtete. Da sei ihm „etwas Seltsames passiert" *(Bergoglio, Jesuita, S. 49).* „Es hat mich getroffen, als ich offen und ungeschützt war ... Es war die Überraschung, das maßlose Erstaunen über eine wirkliche Begegnung. Ich merkte, dass ich erwartet wurde. Das ist die religiöse Erfahrung: das Erstaunen darüber, jemandem zu begegnen, der dich erwartet" *(ebd., S. 50).* Weiter ins Detail möchte Franziskus über das damalige Erlebnis nicht gehen, doch in einem Glaubensbekenntnis, das er einmal „in einem Augenblick großer spiritueller Intensität" *(ebd., S. 139)* formuliert hat, heißt es: „Ich glaube an meine Geschichte, die von dem Blick eines liebenden Gottes durchdrungen ist" *(S. 140)*. Er sei „ein Sünder, den der Herr angeschaut hat" *(Interview mit Jesuitenzeitschriften, veröffentlicht am 19.9.2013)*.

Wer Jesus wirklich kennen will, der muss ihm folgen. Er wird schnell feststellen, dass man ihn nicht „in der ersten Klasse" *(Frühmesse in Santa Marta, 26.9.13)* trifft und erst recht nicht „in der Bibliothek", sondern nur unterwegs und im Gespräch mit ihm. Aber Vorsicht: „Man kann Jesus nicht kennenlernen, ohne Probleme zu haben ... Wenn du ein Problem haben willst, dann mache dich auf den Weg, der dich dazu führt, Jesus kennenzulernen." Der Weg führt hinaus zu unseren leidenden Mitmenschen, an denen wir die „Wundmale Jesu" *(Frühmesse in Santa Marta, 3.7.13)* entdecken werden. Wer immer „noch höher geht in der Kontemplation" oder aber auf strenge Buße und Fasten setzt, der riskiert, sich zu „verirren", und gelangt so „vielleicht zur Kenntnis Gottes, aber nicht zu derjenigen Jesu Christi, des Gottessohnes". Nein, Christen gehen auf die Hungernden, Leidenden, Geknechteten zu: „Das sind in unseren Tagen die Wundmale Jesu" *(ebd.)*.

Jung und Alt

„Schaut euch das Leben nicht nur vom Balkon aus an"

Jung und Alt: Das sind „die beiden Pole des Lebens ..., die die Hoffnung der Völker sind" *(an junge Argentinier in Rio, 25.7.13)*. Dass diese beiden Altersgruppen heutzutage an den Rand geschoben werden, zeigt nach Ansicht von Papst Franziskus, „dass diese weltliche Zivilisation im Augenblick über ihre Grenzen hinausgegangen ist". „Der Ausschluss der alten Menschen ist offensichtlich. Man könnte meinen, dass es eine Art verborgene Euthanasie gibt, das heißt, man kümmert sich nicht um die Alten; aber es gibt auch eine kulturelle Euthanasie, denn man lässt sie nicht reden, man lässt sie nicht handeln." Und spiegelbildlich dazu „der Ausschluss der jungen Menschen", den der Papst vor allem an der hohen Jugendarbeitslosigkeit in vielen Ländern festmacht. „... wir haben eine Generation, die nicht die Erfahrung der Würde macht, die man durch die Arbeit erlangt. Das heißt, diese Zivilisation hat uns dazu geführt, die beiden herausragenden Altersgruppen auszuschließen, die unsere Zukunft ausmachen."

Grund für diesen Ausschluss ist aus der Sicht

von Franziskus, dass man Junge und Alte „als eine Art ‚Ausschussware' betrachtet, weil sie gemäß der Logik unserer Leistungsgesellschaft keine Funktion erfüllen, keinem Kriterium entsprechen, das es lohnend erscheinen ließe, in sie zu investieren" *(Videobotschaft, 21.11.13)*. Es sind, wie man so sagt, „Passiva": „Sie produzieren nichts, sind laut Marktwirtschaft kein Produktionssubjekt". Diese verbreitete Haltung zielt aber vollkommen an dem „großen Reichtum" vorbei, den beide Altersgruppen „in sich tragen": „Die jungen Menschen sind die Kraft, die wir brauchen, um vorwärtszukommen; die alten Menschen sind das Gedächtnis des Volkes, die Weisheit." Ohne diese Kraft und dieses Gedächtnis kann es „keinen wahren Fortschritt und kein harmonisches Gesellschaftswachstum geben": „Ein Volk, das sich nicht um alte und junge Menschen kümmert, hat keine Zukunft."

Gegen diesen Ausschluss ruft der Papst kurzerhand zum Protest auf: „Die jungen Menschen müssen hinausgehen ... um für diese Werte zu kämpfen; und die Alten müssen den Mund aufmachen ... und uns lehren!" *(an Argentinier in Rio, s. o.)*. Alt und Jung sollten sich verbünden: „Seid euch bewusst", so sagt Franziskus zu jungen Leuten, „dass ihr Jugendlichen zusammen mit den Alten in diesem Augenblick zum gleichen Schicksal verurteilt seid: ausgeschlossen zu werden. Lasst euch nicht ausschließen. Das ist klar!" Kaum verhüllt zeigte Franziskus während seines Besuches in Brasilien Sympathie für die Demonstrationen, mit denen in vielen Städten des Landes junge Leute für soziale Verbesserungen kämpften. „Die jungen Menschen auf den Straßen ..." *(Gebetsvigil mit Jugendlichen in Rio, 27.7.13)*. „Ich bitte euch, lasst nicht zu, dass andere die Hauptdarsteller der Veränderung sind! ... Liebe junge Freunde, bitte schaut euch das Leben nicht ‚vom Balkon aus' an! Begebt euch in die Welt! Jesus ist nicht auf dem Balkon geblieben. Er hat sich mitten hineingestürzt ... Liebe Jungen und Mädchen, bitte hängt euch nicht hinten an den Schwanz der Geschichte an. Seid die Hauptdarsteller!"

Kinderschutz

„Schämen wir uns der Skandale der Kirche?"

In den Sechzigerjahren wurde die Irin Marie Collins, damals 13 Jahre alt, von einem katholischen Priester sexuell missbraucht. Das warf einen langen Schatten über ihr Leben, jahrelang brauchte sie psychologische Betreuung. Als Erwachsene wurde sie in der irischen Republik eine der führenden Aktivistinnen gegen Kindesmissbrauch – und speziell gegen das Vertuschen von Fällen, auch im kirchlichen Raum. Im März 2014 berief sie Papst Franziskus zur Überraschung vieler in eine Vatikankommission zum Kinderschutz; die Gründung dieser Kommission, von deren acht Gründungsmitgliedern die Hälfte Frauen sind, war eine seiner ersten Reformen.

Franziskus ist es ernst mit dem Kampf gegen Missbrauch und mit der von seinem Vorgänger Benedikt XVI. angesichts furchtbarer Skandale eingeleiteten Null-Toleranz-Politik. Immer wieder bekräftigt der Papst, er werde diese Linie seines Vorgängers fortführen – Subtext: auch gegen innerkirchliche Widerstände. Auf Veranlassung des Papstes stellte sich ein Vatikanrepräsentant zum ersten Mal überhaupt vor dem „UNO-Komitee für die Rechte des Kindes" in Genf den ausgesprochen kritischen Fragen der Experten und legte einen (ebenfalls erstmaligen) vatikanischen Kinderschutzbericht vor. Am selben Tag fragte der Papst in seiner Morgenmesse: „Schämen wir uns für die Skandale der Kirche?" *(Frühmesse in Santa Marta, 16.1.14),* und jeder verstand, wovon er da sprach, auch ohne dass er das im Detail ausführen musste.

Mitte der Sechzigerjahre war Jorge Mario Bergoglio, noch vor seiner Priesterweihe, Lehrer für Psychologie und Literatur an Jesuitenschulen zunächst in Santa Fé und dann in Buenos Aires; spätestens aus dieser Zeit rührt sein Interesse an Schul- und Erziehungsfragen, er hat viel darüber geschrieben. Auf kirchliche Pädophilieskandale angesprochen äußerte er 2010 als Erzbischof von Buenos Aires, aus seiner Sicht hätten diese Skandale nicht ursächlich mit dem Pflichtzölibat von Priestern zu tun. „Es handelt sich um Perversionen psychologischer Art, die früher vorhanden sind als eine Option für den Zölibat. Wenn es einen pädophilen Priester gibt, dann hatte er diese Perversion schon in sich, bevor er zum Priester geweiht wurde" *(Bergoglio, Jesuita, S. 107)*. Er zog daraus die Schlussfolgerung, dass die Kirche „bei der Auswahl der Priesteramtskandidaten" sehr genau hinschauen müsse. Auf die Bemerkung seiner Gesprächspartner, dass viele Leute „an Gott, aber nicht an die Priester" glaubten, entgegnete er: „Und das ist gut so. Viele von uns Priestern verdienen es nicht, dass sie an uns glauben" *(ebd., S. 112)*.

Im Jahr 2005 stand die traditionelle Jugendwallfahrt zum argentinischen Marienwallfahrtsort Luján unter dem Motto Lebensschutz, und man hätte erwarten können, dass Kardinal Bergoglio über Abtreibung predigen würde oder über Euthanasie. Stattdessen wählte er das Thema Kinder: Er sei „erschüttert und schockiert" *(Bergoglio, Dienst, S. 182)*, unter welch schwierigen Umständen viele Kinder heute in Argentinien lebten. Eine sehr breit angelegte Schilderung: „Kinder und Jugendliche, die auf der Straße leben und betteln, die in U-Bahn-Stationen und ... Bogengängen schlafen, allein oder in Gruppen ‚schnüffeln' ..." *(ebd., S. 183)*. Bergoglio kam kurz auf Kinderarbeiter zu sprechen („Kunststücke vorführen, Fenster putzen"), dann ging er auf einen Pädophilenring ein, der im Sommer des Vorjahres in Buenos Aires aufgeflogen war. „Wie schockiert waren wir noch vor wenigen Jahren, als wir erfuhren, dass europäische Reiseorganisationen, die Sextouristen an bestimmte Orte in Asien bringen, auch Sex mit Kindern anboten ... Genau dasselbe geschieht, wie wir jetzt wissen, in unserer unmittelbaren Nachbarschaft und gehört sogar zum Leistungskatalog mancher Luxushotels" *(ebd., S. 183 f.)*. Der Erzbischof forderte: „Wir müssen hinsehen! Wir müssen uns der Not unserer Kinder und Jugendlichen bewusst werden ... Die Herodesse unserer Zeit haben viele Gesichter, doch die Realität ist immer dieselbe: Sie töten die Kinder, sie töten ihr Lachen, sie töten die Hoffnung ..." *(ebd., S. 186 f.)*. All diese

Äußerungen stammen aus einer Zeit, als die großen kirchlichen Missbrauchsskandale noch gar nicht ausgebrochen waren.

Kirche

„Wie ein Feldlazarett"

Es ist nicht leicht, die vielen verstreuten Äußerungen von Papst Franziskus zum Thema Kirche auf ein paar Absätze zu komprimieren. Charakteristisch an seinem Denken ist, dass die Kirche für Franziskus keine NGO (Nichtregierungsorganisation) ist, sondern die Gemeinschaft, in der man Jesus kennenlernt; Jesus ist nur mit der Kirche zu haben und nicht an ihr vorbei. Sie ist, der Definition des Zweiten Vatikanischen Konzils entsprechend, „Volk Gottes", sie ist unsere Mutter, und sie ist einladend und offen für alle – nicht nur ein Kirchlein also. Berühmt ist Franziskus' Definition der Kirche als „Feldlazarett", schön prägnant ist aber auch seine Formulierung, die Kirche sei eine „Gemeinschaft des Ja" *(Frühmesse in Santa Marta, 2.5.13)*.

Gehen wir nun ins Einzelne. Für ihn ist „der

Glaube aus der Begegnung mit Jesus hervorgegangen" *(Brief an Eugenio Scalfari, 11.9.13)*, schreibt der Papst, einer „persönliche(n) Begegnung": „Doch zugleich eine Begegnung, die durch die Glaubensgemeinschaft ermöglicht wurde, in der ich lebte". Franziskus formuliert das sehr pointiert: „Ohne die Kirche – glauben Sie mir – hätte ich Jesus nicht begegnen können ..." Kein Jesus ohne Kirche also – und keine Kirche ohne Jesus: Er ist ja der „Eckstein" *(Predigt bei der ersten Messe mit Kardinälen, 14.3.13)*, ohne ihn und sein Kreuz „geht die Sache nicht. Wir werden eine wohltätige NGO, aber nicht die Kirche, die Braut Christi." Wir sollten die Demut haben, Jesus innerhalb der Kirche zu suchen und uns dabei als Teil einer „Geschichte der Kirche" *(Frühmesse in Santa Marta, 30.1.14)* zu sehen, die „vor uns angefangen hat und nach uns weitergehen wird"; wir „sind ein kleiner Teil eines großen Volkes, das den Weg des Herrn geht".

Die Sicht der Kirche als „Volk" – sie kommt vom Zweiten Vatikanischen Konzil her – ist für das Denken des Papstes so bezeichnend, dass wir ihr ein eigenes Stichwort gewidmet haben: „Volk Gottes" (s. u.). Hier sammeln wir einmal andere Akzente und Bilder: Die Kirche ist für Franziskus eine Art Familie: „In der Familie wird jedem von uns all das geschenkt, durch das wir wach-

Kirche

sen, heranreifen, leben können. Man kann nicht alleine wachsen, man kann nicht alleine auf dem Weg sein …" Es ist darum absurd, in die Messe zu gehen, ohne nach rechts oder links zu sehen: „Ist es so, als wäre ich im Kino? Nein, es ist etwas anderes." Die Kirche ist „das Haus aller", „alle sind in diesem Haus", hier lebt man zusammen und geht den Weg gemeinsam. Allein für sich Kirche sein, das funktioniert nicht.

„Die Kirche ist für alle nur eine. Es gibt nicht eine Kirche für die Europäer, eine für die Afrikaner, eine für die Amerikaner, eine für die Asiaten … – nein, sie ist überall dieselbe." *(Generalaudienz, 25.9.13)*. Spiegelbildlich zu diesem weltweiten Anspruch ist „die eine Kirche" übrigens „auch in ihren kleinsten Teilen gegenwärtig. Jeder kann sagen: In meiner Pfarrei ist die katholische Kirche gegenwärtig." Und so wie Universalität und das Örtliche, Kleinteilige zusammenspielen, passen in der Kirche auch „Einheit und Vielfalt" zusammen.

Ein weiteres Bild: Die Kirche ist Mutter „von vielen Kindern" *(Predigt, 23.4.13)*. „Mutter, die uns den Glauben schenkt; Mutter, die uns die Identität verleiht. Aber die christliche Identität ist nicht ein Ausweis. Die christliche Identität ist eine Zugehörigkeit zur Kirche … diese Mutter Kirche … verleiht uns die Identität."

Tragen wir zusammen: Die Kirche ist also Haus, Familie, Mutter. Als ihre wichtigste Aufgabe heute nennt Franziskus „die Fähigkeit ..., Wunden zu heilen und die Herzen der Menschen zu wärmen - Nähe und Verbundenheit. Ich sehe die Kirche wie ein Feldlazarett nach einer Schlacht. Man muss einen Schwerverwundeten nicht nach Cholesterin oder nach hohem Zucker fragen. Man muss die Wunden heilen. Dann können wir von allem anderen sprechen" *(Interview mit Jesuitenzeitschriften, veröffentlicht am 19.9.13).*

Die jetzige Epoche hält der Papst aus Argentinien für „eine gute Zeit im Leben der Kirche" *(Frühmesse in Santa Marta, 8.5.13).* In seiner Kindheit habe er, auch von seinen eigenen Eltern, immer wieder mal gehört: „,Nein, zu ihnen nach Hause können wir nicht gehen, weil sie nicht kirchlich verheiratet sind.' Das war wie ein Ausschluss ... Oder weil sie Sozialisten sind oder Atheisten, dahin können wir nicht gehen. Jetzt sagt man das gottlob nicht mehr." Für die Skandale in der Kirche, etwa „Klerikalismus" oder „Verdorbenheit der Priester", sollten wir uns alle „schämen" *(Frühmesse, 16.1.14),* fordert er.

Zu solchen Skandalen konnte es kommen, weil wichtige Kirchenleute „keine Beziehung zu Gott" hatten, glaubt der Papst. „Sie hatten ein Amt in der Kirche, eine Machtposition, auch eine Position der Bequemlichkeit", aber sie hatten „das Wort Gottes nicht". Immer wieder predigt Franziskus gegen „Seilschaften ..., Karrieredenken, Emporkömmlinge, Nepotismus" *(Frühmesse, 21.5.13)* oder gegen „Wohnzimmer-Christen" *(Frühmesse, 16.5.13)*, er schimpft auf „Triumphalismus" *(Frühmesse, 29.5.13)*, der „die Kirche zum Stillstand" bringe, oder er betet: „Herr, befreie dein Volk vom Geist des Klerikalismus" *(Frühmesse, 16.12.13)*. In einer seiner ersten großen Predigten als Papst äußerte er: „Die Inkohärenz der Gläubigen und der Hirten zwischen dem, was sie sagen, und dem, was sie tun, zwischen dem Wort und der Lebensweise untergräbt die Glaubwürdigkeit der Kirche" *(Predigt in St. Paul vor den Mauern, 14.4.13)*. Interessant, dass Franziskus hier zuerst die Gläubigen und dann erst die Hirten nannte.

Klatsch und Tratsch

„Das ist die Sprache des Teufels"

Gerede kann töten – selbst wenn es ganz wohlerzogen beginnt: „Aber ich will über niemanden etwas Schlechtes sagen ..." *(Frühmesse in Santa Marta, 18.5.13)*. Doch dann geht's los, „dann zieht man dem Nächsten die Haut ab. Genau so! Wie viel wird in der Kirche getratscht! Wie viel klatschen wir Christen!"

Üble Nachrede ist Mord, warnt Franziskus: „Der Herr vergeudet hierfür nicht viele Worte ... ‚Wer in seinem Herzen Hass gegen seinen Bruder hegt, ist ein Mörder.' ... (Folglich) sind wir jedes Mal dann, wenn wir im Herzen über unsere Brüder zu Gericht sitzen, oder schlimmer noch, wenn wir mit anderen darüber reden, Christen, die Mörder sind" *(Frühmesse, 13.9.13)*. Das sage nicht er, Franziskus, sondern das habe Jesus selbst so gesagt, betont der Papst mit Nachdruck: Es gibt „in dieser Frage keinen Spielraum ... für Nuancen: Wenn du über deinen Bruder herziehst, dann tötest du den Bruder. Und jedes Mal, wenn wir das tun, dann ahmen wir Kain nach, den ersten Mörder." Es gibt einfach „keinen unschuldigen Klatsch", vielmehr geht dieser „stets in Richtung des Verbrechens":

„Das ist unverfälschtes Evangelium." Die Zunge als „Waffe": „Nein ... zu dieser Waffe, ... da sie tödlich ist." Er sei „oft auf Gemeinschaften, Seminaristen, Ordensleute oder diözesane Gemeinschaften gestoßen, in denen der Klatsch der beliebteste Zeitvertreib ist" *(an Seminaristen und Novizen, 6.7.13)*, erzählt Papst Franziskus: „Es ist schrecklich! ... Nicht nur schlecht über die Oberen reden, das ist schon ein Klassiker! ... Ich schäme mich darüber! ... ‚Hast du schon gehört ... Hast du schon gehört ...?' Aber so eine Gemeinschaft ist ein Inferno! Das tut nicht gut." Da lobt er sich doch eine Ordensfrau, die nach geistlichen Einkehrtagen den Entschluss fasste, „sie würde nie schlecht über eine Mitschwester reden. Das ist ein schöner, ein schöner Weg zur Heiligkeit! ... ‚Aber, Vater, es gibt Probleme ...': Sag es dem Ordensoberen, sag es der Ordensoberen, sag es dem Bischof, der das in Ordnung bringen kann. Aber sag es nicht zu jemandem, der nicht helfen kann." Im Vatikan sei Klatsch „eine verbotene Sprache" *(Predigt in einer Messe für Vatikan-Gendarmen in den Vatikanischen Gärten, 28.9.13, zitiert nach dem Audiomitschnitt von Radio Vatikan)*, „es ist die Sprache des Teufels". Er bitte die Vatikan-Gendarmen „nicht nur, die Türen und Fenster des Vatikans zu verteidigen ... sondern darüber hinaus uns vor dem Hinterhalt des Teufels zu schützen ... Und wenn du jemanden hörst, der schwätzt, stoppe ihn! ‚Hier nicht, raus aus der Porta Sant'Anna'" – das ist einer der Vatikaneingänge – „‚draußen kannst du quatschen, hier nicht!'"

Konzil, Zweites Vatikanisches

„Der Heilige Geist lässt sich nicht zähmen"

Das Konzil braucht kein „Denkmal", sondern es muss endlich umgesetzt werden *(Frühmesse in Santa Marta, 16.4.13, zitiert nach dem Originalmitschnitt von Radio Vatikan)*: Es waren überraschende Worte, die Papst Franziskus bei einer seiner Frühmessen im Vatikan einmal zum Zweiten Vatikanischen Konzil gefunden hat. „Der Heilige Geist drängt zum Wandel, und wir sind bequem." Das Konzil (dessen Initiator, Johannes XXIII., Franziskus Ende April 2013 heiliggesprochen hat) „war ein großartiges Werk des Heiligen Geistes ... Aber heute, fünfzig Jahre danach, müssen wir uns fragen: Haben wir da all das getan, was uns der Heilige Geist im Konzil gesagt hat? In der Kontinuität und im Wachstum der Kirche, ist da das Konzil zu spüren gewesen?" Und die unverblümte Antwort des Papstes: „Nein, im Gegenteil", es scheine so, als ob „wir dem Konzil ein Denkmal bauen, aber eines, das nicht unbequem ist, das uns nicht stört". Und Franziskus fuhr fort: „Wir wollen uns nicht verändern, und es gibt sogar auch Stimmen, die gar nicht vorwärtswollen, sondern zurück: Das ist dickköpfig, das ist der Versuch, den Heiligen Geist zu zähmen. So bekommt man törichte und lahme Herzen."

Der Heilige Geist sei eben „für uns eine Belästigung". „Er bewegt uns, er lässt uns unterwegs sein, er drängt die Kirche weiterzugehen. Aber wir sind wie Petrus bei der Verklärung, ‚Ah, wie schön ist es doch, gemeinsam hier zu sein.' Das fordert uns aber nicht heraus. Wir wollen, dass der Heilige Geist sich beruhigt, wir wollen ihn zähmen. Aber das geht nicht."

In seinem ersten größeren Interview nach der Wahl äußerte sich Papst Franziskus nur kurz zum Zweiten Vatikanum. Es sei „eine neue Lektüre des Evangeliums im Licht der zeitgenössischen Kultur" *(Interview mit Jesuitenzeitschriften, veröffentlicht am 19.9.13)* gewesen und habe „eine Bewegung der Erneuerung ausgelöst, die aus dem Evangelium selbst kommt". Und weiter: „Die Früchte waren enorm. Es reicht, an die Liturgie zu erinnern." Damit rührte er ausgerechnet an das wohl strittigste Erbe des Konzils. „Die Arbeit der Liturgiereform war ein Dienst am Volk, wie eine neue Lektüre des Evangeliums." Noch Benedikt XVI. hatte diese Liturgiereform, konkret die weitgehende faktische Abschaffung des alten Ritus, immer wieder beklagt. Das verbuchte Franziskus nun unter der Rubrik „Spezielle Fragen": „Ich denke, dass die Entscheidung von Papst Benedikt", den alten Ritus zu rehabilitieren, „klug abwägend gewesen ist als Hilfe für einige Personen, die diese besondere Sensibilität haben. Ich finde aber das Risiko einer Ideologisierung des *Vetus Ordo*, seine Instrumentalisierung, sehr gefährlich." Es gibt, so machte der neue Papst klar, kein Zurück hinter das Konzil.

Noch häufiger als auf das Zweite Vatikanum bezieht sich der Papst allerdings auf das „Dokument von Aparecida", ein 120 Seiten starkes Strategiepapier der lateinamerikanischen Kirche, das im Mai 2007 unter maßgeblicher Beteiligung des damaligen Kardinals Bergoglio in einem brasilianischen Wallfahrtsort in der Nähe von Sao Paulo entstand. In diesem Dokument werden die Anliegen des Konzils mit Blick auf Lateinamerika durchbuchstabiert. Jedem offiziellen Staatsgast drückt es Franziskus in die Hand; Aparecida, das war sozusagen seine eigene Konzilserfahrung, eine „Gnadenstunde für die lateinamerikanische Kirche" *(Bergoglio, Interview mit der Zeitschrift 30 Giorni, November 2007).* Die Arbeiten an dem Text hätten sich „von unten nach oben vollzogen, nicht umgekehrt". Als Papst will Franziskus die Einrichtung der Bischofssynoden, die eine der Früchte des Konzils sind, stärken und zu einem echten Beratungsorgan ausbauen.

Leid

„Er erklärt nichts, aber er sieht mich an"

Er war 21 Jahre alt, da schwebte Jorge Mario Bergoglio wegen einer schweren Lungenentzündung tagelang zwischen Leben und Tod. Täglich bekam er Infusionen, ein Teil des rechten Lungenflügels wurde herausoperiert, er litt schreckliche Schmerzen. Noch im Rückblick auf diese schwierigen Tage stört es ihn, welch platte Trostworte ihm manche Besucher am Krankenbett sagten; nur eine Ordensfrau machte eine Ausnahme, sie meinte zu ihm: „Jetzt folgst du Jesus nach." *(vgl. Bergoglio, Jesuita, S. 43).* Daran erinnert er sich noch heute. Nein, meint Papst Franziskus, das Leid ist „keine Tugend in sich", Gott will für den Menschen „die Fülle und das Glück", da bedeutet Leiden „eine Grenze ..., aber die Art und Weise, wie man es annimmt, kann durchaus tugendhaft sein". Und darum erschließt sich der „Sinn des Leidens erst ganz durch das Leiden Gottes in Christus".

Aber das bedeutet eben nicht, die Marter Jesu am Kreuz als billige Vertröstung für Leidende einzusetzen. Franziskus regt sich über die Erklärungsversuche der Freunde Hiobs für dessen Unglück auf, und für das Leiden unschuldiger Kinder findet der Papst schlechterdings „keine Erklärung" *(Interview mit La Stampa, 15.12.13).* In dieser Hinsicht sei der große russische Schriftsteller Dostojewski mit seiner „expliziten und impliziten Frage", warum Kinder leiden müssten (etwa in den ‚Brüdern Karamasow'), „ein Meister des Lebens" für ihn gewesen. Wenn Kinder ihre Eltern immer wieder fragten, warum dies und jenes geschehe, dann suchten sie „mehr noch als die Erklärung den Blick des Vaters, der ihnen Sicherheit gibt", sinniert der Papst. Und so kommt ihm angesichts des Leidens von Kindern „als Einziges das Gebet des Warum in den Sinn. Herr, warum? Er erklärt mir nichts. Aber ich spüre, dass er mich ansieht. Und so kann ich sagen: Du kennst das Warum, ich nicht; du sagst es mir nicht, aber du siehst mich an, und ich vertraue dir, Herr, ich vertraue deinem Blick."

Maria

„Ihr Glaube löst den Knoten"

In den Achtzigerjahren ging einmal ein argentinischer Jesuit durch Augsburg. Er war zu einer Art Sabbatjahr in Deutschland, besuchte Sprachkurse, dachte über eine Promotion nach (ein Plan, der sich allerdings zerschlug). In der Peterskirche, gleich neben dem berühmten Rathaus von Augsburg, sah der Jesuit – er hieß Jorge Mario Bergoglio – ein Barockgemälde, das ihn beeindruckte: Maria, die Knotenlöserin. Eine jugendliche Madonna steht da auf einer Mondsichel und löst die Verschlingungen eines Bandes, das Engel ihr reichen. Wahrscheinlich kaufte sich Pater Bergoglio eine Postkarte davon, denn Jahre später (da war er schon zum Erzbischof von Buenos Aires aufgestiegen) tauchte eine Kopie davon in einer Pfarrkirche von Buenos Aires auf. Sie wurde gleich zum Ziel von Wallfahrern. Der Papst kennt und schätzt die Marienverehrung; auf seinem Heimatkontinent Lateinamerika gehört sie seit den Visionen des Indios Juan Diego im mexikanischen Guadalupe von 1531 zur katholischen DNA. „Maria führt uns immer zu Jesus" *(Ansprache, 12.10.13)*, sagte Franziskus an einem „Marianischen Tag" im Vatikan: „Sie ist eine Frau des Glaubens, eine wahrhaft Glaubende ... Das erste Element ihres Glaubens ist dieses: *Der Glaube Marias löst den Knoten der Sünde.*" Das ist ein Zitat aus einem Konzilstext, aber es passt ins Bild.

„Wie ein Knoten in unserem Innern" sei die Sünde, so der Papst; Maria aber hat „mit ihrem ‚Ja' Gott die Tür geöffnet, damit er die Knoten des im Alten Bund begangenen Ungehorsams löse". Außerdem hat ihr Glaube Jesus „einen menschlichen Leib gegeben"; „durch ihre freie Zustimmung" konnte Gott Mensch werden. „Was aber in der Jungfrau Maria auf einzigartige Weise erfolgt ist, geschieht auf geistlicher Ebene auch in uns, wenn wir das Wort Gottes mit bereitem und aufrichtigem Herzen aufnehmen." Schließlich deutet der Papst den „Glauben Marias als Weg ... in dem Sinn, dass ihr ganzes Leben darin bestand, ihrem Sohn zu folgen". Jesus ist „die Straße", und „Maria hat dies von Anfang an verstanden", sie war „immer bei Jesus, sie folgte Jesus mitten im Volk, sie hörte das Geschwätz, den Hass jener, die den Herrn nicht liebten. Und dieses Kreuz hat sie getragen." Beim Tod Jesu war der Glaube seiner Mutter das letzte „Flämmchen in dunkelster Nacht": Es brannte, „klein und doch hell, ... bis zum Morgen der Auferstehung".

Der Papst nimmt Maria als Beleg für seine Lieblingsthese, dass „Gott uns immer überrascht". Und er meditiert, eigentlich habe sie nicht nur einmal, dem Engel gegenüber, „Ja zu Gott gesagt", sondern immer wieder im weiteren Verlauf ihres Lebens („in ihren frohen wie auch in den schmerzlichen Momenten, viele ‚Ja', die in jenem unter dem Kreuz ihren Höhepunkt fanden").

„Mit großem Realismus, mit Menschlichkeit, mit Konkretheit" *(Rosenkranz auf dem Petersplatz, 31.5.13)* ist Maria ihren Weg gegangen, so der Papst. Sie lehrt uns „das Hören auf Gott" mitten im Trubel des Alltags. Die „Mutter der Stille" *(Treffen mit italienischen Bischöfen, 23.5.13)* nennt er sie wegen ihrer Fähigkeit, Gottes Geheimnis im Herzen zu bewahren; unter dem Kreuz ist kein einziges Wort von ihr überliefert, „aber was mag sie alles in ihrem Herzen zum Herrn gesagt haben" *(Frühmesse in Santa Marta, 20.12.13)*?

Auffallend ist, mit welcher Leichtigkeit der heutige Papst jedes Mal soziale Töne auf der marianischen Tastatur anschlägt: „Mutter, lehre uns, uns so umeinander zu kümmern, wie du dich um uns kümmerst" *(Bergoglio, Dienst, S. 199)*.

Menschenwürde

„Wo ist dein Bruder, der Sklave?"

Es stieß bei katholischen Lebensschützern der westlichen Welt auf Überraschung und auch Empörung, dass sich Papst Franziskus in seinen ersten Wochen und Monaten auf dem Stuhl Petri fast gar nicht zu Abtreibung oder Sterbehilfe äußerte. Der „Herr hört die erstickten Schreie so vieler ungeborener Kinder; er sieht diesen täglichen, stillschweigenden und subventionierten Völkermord" *(Bergoglio, Dienst, S. 317)*, hatte Bergoglio als Kardinal durchaus deutlich über Abtreibung gesagt; nach der Papstwahl wiederholte er es nicht. Dieses Schweigen stand in einem starken Kontrast zu der Verve, mit der die Päpste sich in den Jahren seit 1995, dem Jahr der Lebensschutz-Enzyklika „Evangelium Vitae" von Johannes Paul II., in diesem Bereich engagiert hatten.

Als Franziskus schließlich in seiner Programmschrift „Evangelii Gaudium" Abtreibung mit ein paar Sätzen deutlich verurteilte, ging ein hörbares Aufatmen durch das Pro-Life-Lager.

Viel häufiger und stärker als zu Abtreibung oder Sterbehilfe nimmt Papst Franziskus hingegen seit seinem Amtsantritt Stellung zum Thema Menschenhandel. „Ich würde mir wünschen, dass man den Ruf Gottes hörte, der uns alle fragt: ‚Wo ist dein Bruder?' *(Gen* 4,9)" *(EG, Nr. 211)*. Franziskus übersetzt diese Frage Gottes aus dem Alten Testament in die konkrete Welt: „Wo ist dein Bruder, der Sklave? Wo ist der, den du jeden Tag umbringst in der kleinen illegalen Fabrik, im Netz der Prostitution, in den Kindern, die du zum Betteln gebrauchst, in dem, der heimlich arbeiten muss, weil er nicht legalisiert ist?" Um dann von den Fragen zur Anklage überzugehen: „Tun wir nicht, als sei alles in Ordnung! Es gibt viele Arten von Mittäterschaft. Die Frage geht alle an!"

Es ist nun sehr aufschlussreich, dass Franziskus ausgerechnet an dieser Stelle in „Evangelii Gaudium", ziemlich unvermittelt, auf die ungeborenen Kinder zu sprechen kommt. „Sie sind die Schutzlosesten und Unschuldigsten von allen, denen man heute die Menschenwürde absprechen will, um mit ihnen machen zu können, was man will, indem man ihnen das Leben nimmt und Gesetzgebungen fördert, die erreichen, dass niemand das verbieten kann" *(ebd., Nr. 213)*. Oft werde der Kampf der Kirche gegen Abtreibung „als etwas Ideologisches, Rückschrittliches, Konservatives" dargestellt, fährt Franziskus fort. „Und doch ist diese Verteidigung des ungeborenen Lebens eng mit der Verteidigung jedes beliebigen Menschenrechtes verbunden. Sie setzt die Überzeugung voraus, dass ein menschliches Wesen immer etwas Heiliges und Unantastbares ist, in jeder Situation und jeder Phase seiner Entwicklung."

Hier finden wir den Schlüssel zu Franziskus' Denken über die Verteidigung des menschlichen Lebens: Alle Menschenrechte hängen aus seiner Sicht miteinander zusammen, und sie haben ihren Grund in der (gottgegebenen) Würde des Menschen. Um darauf auf neue Weise aufmerksam zu machen, legt er den Akzent auf das (im öffentlichen Bewusstsein des Westens relativ neue) Thema Menschenhandel, anstatt frühere Lehramtsäußerungen zu Abtreibung und Sterbehilfe einfach fortzuschreiben. Das Thema Menschenhandel brennt ihm auch aus eigener Anschauung in Argentinien auf den Nägeln; es ist aber gleichzeitig ein Thema, das ideologisch noch nicht so besetzt ist wie klassische Lebensschutzthemen – und über das sich vielleicht ein neuer Konsens finden lässt. Franziskus nutzt also mit seinem Ansatz die Chance, auf ganz neue Weise aufmerksam zu machen auf das, was die Kirche zur Verteidigung des Menschen sagt und tut.

Wenn dem Menschen seine gottgegebene Würde abgesprochen wird, so Franziskus, „bleiben keine festen und dauerhaften Grundlagen für die Verteidigung der Menschenrechte; diese wären dann immer den zufälligen Nützlichkeiten der jeweiligen Machthaber unterworfen. Dieser Grund allein genügt, um den unantastbaren Wert eines jeden Menschenlebens anzuerkennen."

„Gerade weil es eine Frage ist, die mit der inneren Kohärenz unserer Botschaft vom Wert der menschlichen Person zu tun hat, darf man nicht erwarten, dass die Kirche ihre Position zu dieser Frage ändert" *(ebd., Nr. 214)*, so Franziskus weiter. „Ich möchte diesbezüglich ganz ehrlich sein. Dies ist kein Argument, das mutmaßlichen Reformen ... unterworfen ist. Es ist nicht fortschrittlich, sich einzubilden, die Probleme zu lösen, indem man ein menschliches Leben vernichtet."

Mit großem Ernst weist der Papst dann aber auch darauf hin, „dass wir wenig getan haben, um die Frauen angemessen zu begleiten, die sich in sehr schweren Situationen befinden, wo der Schwangerschaftsabbruch ihnen als eine schnelle

Lösung ihrer tiefen Ängste erscheint ... Wer hätte kein Verständnis für diese so schmerzlichen Situationen?" Menschenhandel – Menschenrechte – Lebensschutz, an diesen Stichworten entlang verläuft die Argumentationskette des Papstes.

Morallehre

„Man muss nicht endlos davon sprechen"

Das Wort Morallehre taucht in allen Ansprachen und Schriften des Papstes in seinem ersten Amtsjahr nur ein einziges Mal auf: nicht weil er sich etwa von der kirchlichen Morallehre distanzieren wollte, sondern weil er in der Kirche „alles unter einen missionarischen Gesichtspunkt stellen" möchte *(EG, Nr. 34)*. Und das gilt eben „auch für die Weise, die Botschaft bekannt zu machen".

Die Medien von heute verkürzen gerne „die Botschaft, die wir verkünden, ... auf einige ihrer zweitrangigen Aspekte", hat der Papst beobachtet, oder sie reißen „einige Fragen, die zur Morallehre der Kirche gehören, aus dem Zusammenhang ..., der ihnen Sinn verleiht". So kann es pas-

Morallehre

sieren, dass „die Botschaft, die wir verkünden, dann mit diesen zweitrangigen Aspekten gleichgesetzt wird"; so „relevant" diese aber auch sein mögen, „das Eigentliche der Botschaft Jesu Christi" können sie allein nicht „ausdrücken". Nun kann man aber von vielen Menschen heute nicht mehr verlangen, dass sie „den vollkommenen Hintergrund dessen kennen, was wir sagen, oder dass sie unsere Worte mit dem wesentlichen Kern des Evangeliums verbinden können, der ihnen Sinn, Schönheit und Anziehungskraft verleiht". Und darum formuliert der Papst an anderer Stelle unverblümt: „Wir können uns nicht nur mit der Frage um die Abtreibung befassen, mit homosexuellen Ehen, mit Verhütungsmethoden. Das geht nicht" *(Interview mit Jesuitenzeitschriften, veröffentlicht am 19.9.13).*

Die Kirche soll nicht „durch unnachgiebige Beharrlichkeit" *(EG, Nr. 35)* eine „Vielzahl von Lehren ... aufzudrängen" versuchen, sondern das Wesentliche herüberbringen, „das, was schöner, größer, anziehender und zugleich notwendiger ist". Im Übrigen verlieren die Wahrheiten, die mit der kirchlichen Morallehre zusammenhängen, auch keineswegs an Verbindlichkeit, betont er: Sie sind nicht auf einmal falsch oder zu vernachlässigen. „Alle offenbarten Wahrheiten entspringen aus derselben göttlichen Quelle und werden mit ein und demselben Glauben geglaubt, doch einige von ihnen sind wichtiger, um unmittelbarer das Eigentliche des Evangeliums auszudrücken" *(Nr. 36)*. Eine „Hierarchie der Wahrheiten" hat das Zweite Vatikanische Konzil das genannt. „Es ist wichtig, die pastoralen Konsequenzen aus der Konzilslehre zu ziehen" *(Nr. 38)* und etwa dafür zu sorgen, dass die Kirche nicht „mehr vom Gesetz als von der Gnade, mehr von der Kirche als von Jesus Christus, mehr vom Papst als vom Wort Gottes" spricht. Oder dass, so ein prägnantes Beispiel des Papstes, ein Pfarrer nicht binnen eines Jahres „zehnmal über die Enthaltsamkeit und nur zwei- oder dreimal über die Liebe oder über die Gerechtigkeit spricht". So etwas verzerrt die christliche Botschaft.

Alle Wahrheiten hängen im christlichen Glauben zusammen, sie „erhellen sich gegenseitig" *(Nr. 39)*. Gibt man bei der Verkündigung des Christlichen den zentralen, befreienden Wahrheiten den Vorrang, dann öffnet das auch die Tür für die nachgeordneten Wahrheiten, so die Überzeugung von Papst Franziskus. Diese Reihenfolge ist entscheidend: Erst Gottes Liebe und Barmherzigkeit verkünden, dann die „moralische und religiöse Verpflichtung ... Heute scheint oft die umgekehrte Ordnung vorzuherrschen" *(Interview mit Jesuitenzeitschriften, s. o.)*.

Morallehre

Nach der Beobachtung des Papstes spricht man in der Kirche „am liebsten über die Sexualmoral: Ob man das oder jenes darf oder nicht darf ... Und so vergessen wir den Schatz des lebendigen Christus ... den Schatz eines christlichen Lebensentwurfs, der doch weit mehr beinhaltet als die sexuellen Fragen" *(Bergoglio, Jesuita, S. 99)*. Allerdings ist die christliche Morallehre auch nicht nur ein Anhängsel an das Eigentliche. Wenn sie im richtigen Zusammenhang steht und auf richtige Weise in die Verkündigung eingebaut wird, dann zeigt sich ihr Reichtum: „... dass (sie) keine stoische Ethik ist, dass sie mehr ist als eine Askese, dass sie weder eine bloße praktische Philosophie ist noch ein Katalog von Sünden und Fehlern" *(EG, Nr. 39)*. Schon als Kardinal machte der heutige Papst klar: „Die Moral verändert sich nicht ... Aber jedes Mal erklären wir es besser" *(Bergoglio, Jesuita, S. 97)*.

Ökumene

„Die Einheit wird nicht kommen wie ein Wunder"

Ein Treffen von Pfingstkirchen und Evangelikalen in Texas (USA) ist nicht unbedingt der Ort, an dem wir eine Papstansprache vermuten würden und einen leidenschaftlichen Appell für die Ökumene. Doch genau das ist im Februar 2014 auf der „Christian Leadership Convention" passiert. Franziskus schickte seine Botschaft an die Teilnehmer, ungewöhnlich genug, per iPhone; und natürlich verbreitete sich die Sache sofort im Internet.

Ein evangelikaler Bischof namens Tony Palmer, der den heutigen Papst von Argentinien her kannte, hatte Franziskus im Vatikan-Gästehaus Santa Marta besucht und ihm von der bevorstehenden Konferenz erzählt, und gemeinsam waren sie auf die Idee mit der Botschaft per iPhone gekommen. Das Ergebnis wurde auf der Konferenz vorgeführt: ein wackeliges iPhone-Bild vom Papst, der in tastenden, stockenden Worten, „in der Sprache des Herzens" *(zitiert nach: Radio Vatikan dt., 2.3.14)*, wie er das nannte, ein bewegendes Plädoyer für die Einheit der Christen hielt.

Ökumene

„Wir sind getrennt, weil unsere Sünden uns getrennt haben", so Franziskus, „die Missverständnisse, die Geschichte, eine lange Straße gemeinsamer Sünden, auf der wir alle Schuld tragen. Wir alle sind Sünder ... Ich habe die Sehnsucht, dass diese Trennung aufhöre und dass die Gemeinschaft entstehe, ich habe Sehnsucht nach der Umarmung." Es war eine sehr intensive, dichte Ansprache. „Ich spreche zu euch als Bruder. Ganz einfach spreche ich zu euch, in Freude und Sehnsucht, denn diese beiden treiben uns an, uns zu suchen und zu umarmen und gemeinsam Jesus Christus zu loben, den einzigen Herrn." Und dann sagte er dasselbe, was er auch in seiner ersten Ansprache als Papst, kurz nach seiner Wahl, von der Loggia des Petersdomes den Römern gesagt hatte: „Ich bitte euch, betet für mich. Ich bete für euch, aber ich brauche auch euer Gebet ... Ich bitte euch, mich zu segnen, und ich segne euch. Bruder zu Bruder, eine Umarmung. Danke." Die pfingstlerischen, evangelikalen, freikirchlichen Zuhörer in Texas reagierten darauf, indem sie mit Bibelworten und in Zungenrede für Franziskus beteten – ein außergewöhnlicher Moment.

Die Einheit der Christen ist ein wichtiges Anliegen für diesen Papst. Auch wenn er von den Kirchen, die aus der Reformation entstanden sind, aus Argentinien vor allem die Freikirchen und Charismatiker kennt, so hat er doch schon im Studium Dietrich Bonhoeffer gelesen und sich mit Luther beschäftigt. Zum Ökumenischen Patriarchen von Konstantinopel, dem Ehrenoberhaupt der orthodoxen Christen, hat er ein sehr herzliches Verhältnis aufgebaut, er nennt ihn halb im Scherz seinen „Bruder Andreas" *(Ansprache an ökumenische Delegationen, 20.3.13)*; das hängt damit zusammen, dass der Patriarch sich als Nachfolger des Apostels Andreas sieht, der wiederum der Bruder des hl. Petrus war. „Es ist schmerzlich, noch nicht mit ihnen zusammen die Eucharistie feiern zu können, aber die Freundschaft ist bereits da" *(Interview mit La Stampa, 15.12.13)*, sagt er über die Beziehungen zu den orthodoxen Christen. Im Mai 2014 feierte Franziskus mit dem Ökumenischen Patriarchen einen Gottesdienst in der Jerusalemer Grabeskirche: Das bedeutete eine historische Premiere. Die Anstrengungen in Richtung Einheit der Christen stellt er sich als einen gemeinsam gegangenen Weg vor. Das gemeinsame Auf-dem-Weg-Sein „ist schon Einheit praktizieren" *(Predigt in St. Paul vor den Mauern, 25.1.14)*, sagt Franziskus. Der Weg bestehe darin, „gemeinsam Dinge zu machen, gemeinsam zu beten" *(Bergoglio, Himmel und Erde, S. 224)*, wie er als Kardinal unter Berufung auf den deutschen Lutheraner Oscar Cullmann erklärte. „Die Einheit wird nicht kommen wie ein Wunder am Ende. Die Einheit kommt auf dem Weg. Der Heilige Geist bewirkt sie im Unterwegssein" *(Predigt in St. Paul vor den Mauern, s. o.).* Die „Öffnung für den Dialog mit allen an Christus Glaubenden" gehört nach seinem Verständnis mittlerweile zum Papstamt dazu. Er macht sich den Vorschlag Johannes Pauls II. zu eigen, „eine Form der Primatsausübung zu suchen, die sich für eine neue Lage öffnet" *(Interview mit La Stampa, 15.12.13).*

Auch in seiner Programmschrift „Evangelii Gaudium" betont Franziskus, „dass wir Pilger sind und dass wir gemeinsam pilgern. Dafür soll man das Herz ohne Ängstlichkeit dem Weggefährten anvertrauen, ohne Misstrauen" *(EG, Nr. 244).* Ökumene sei auch „ein Beitrag zur Einheit der Menschheitsfamilie" *(Nr. 245 f.).* Um „rasch auf gemeinsame Formen der Verkündigung, des Dienstes und des Zeugnisses zugehen" zu können (von sogenannter Interkommunion ist hier nicht die Rede), rät er, die Christen sollten sich „auf die Überzeugungen konzentrieren, die uns verbinden, und (sich) an das Prinzip der Hierarchie der Wahrheiten erinnern": Vielleicht sind ja manche der Wahrheiten, die uns als wichtige Trennungsgründe vorkommen, gar nicht so zentral für die christliche Botschaft?

„So zahlreich und so kostbar sind die Dinge,

die uns verbinden! Und wenn wir wirklich an das freie und großherzige Handeln des Geistes glauben, wie viele Dinge können wir voneinander lernen!" Lernen auch in dem Sinn, dass wir einiges von anderen christlichen Kirchen oder Gruppierungen für uns übernehmen können. „Um nur ein Beispiel zu geben: Im Dialog mit den orthodoxen Brüdern haben wir Katholiken die Möglichkeit, etwas mehr über die Bedeutung der bischöflichen Kollegialität und über ihre Erfahrung der Synodalität zu lernen." Es ist doch „schön, ... in anderen Christen etwas zu finden, das wir nötig haben, etwas, das wir als ein Geschenk annehmen könnten" *(Generalaudienz, 22.1.14)*.

Orden

„Wir sind Menschen in Spannung"

Jorge Mario Bergoglio ist der erste Papst aus einem Orden seit 167 Jahren – und dazu noch der erste Jesuit überhaupt auf dem Stuhl Petri! Damit nicht genug, hat er sich den klingenden Namen des hl. Franziskus gegeben. Der hl. Ignatius, Gründer des Jesuitenordens, und der hl. Franziskus, Gründer der Franziskanischen Gemeinschaft, waren zu ihrer Zeit und auf ihre Weise grundlegende Erneuerer der Kirche.

Bergoglio-Franziskus ist Jesuit durch und durch, auch in sein Wappen hat er das Monogramm seines Ordens aufgenommen. „Ich habe meine Spiritualität nicht geändert, nein. Franziskus – Franziskaner: nein. Ich fühle mich als Jesuit und denke als Jesuit" *(auf dem Flug von Rio nach Rom, 28.7.13)*, sagt er klipp und klar. Man merkt es schon an Äußerlichkeiten: Seine Predigten teilt er gern in drei Teile ein, „wie es die alten Jesuiten machten ... eins, zwei und drei!" *(an Katechisten, 27.9.13)*; die Struktur des Kardinalsrates, mit dem zusammen er von Zeit zu Zeit über Reformen nachdenkt, entspricht in etwa dem Beratungsgremium des Jesuitengenerals; und auf geistliche Einkehrtage legt er viel mehr Wert als seine Vorgänger. Ein Zitat aus den „Geistlichen Exerzitien" des hl. Ignatius, die er – wie jeder Jesuit – durchlaufen hat, hat Papst Franz SJ immer schnell bei der Hand. Zum Beispiel dieses: „Herr, ich will gedemütigt werden, um dir ähnlicher zu werden" *(Frühmesse in Santa Marta, 21.5.13)*.

Als junger Erwachsener im Priesterseminar hatte Jorge Mario Bergoglio noch zwischen Dominikanern und Jesuiten geschwankt: „Ich wollte etwas mehr machen, wusste aber nicht, was" *(Interview mit Jesuitenzeitschriften, veröffentlicht am 19.9.13).* Er wollte eine „Gemeinschaft" um sich herum, um kein „einsamer Priester" zu werden. Schließlich waren es drei Gründe, die ihm den Orden des Ignatius attraktiver erscheinen ließen: „Der Sendungscharakter, die Gemeinschaft und die Disziplin. Das mutet seltsam an, weil ich von Geburt an ein undisziplinierter Mensch bin. Aber die Disziplin der Jesuiten ... hat mich sehr beeindruckt."

„Sub crucis vexillo Deo militare", „Unter dem Banner des Kreuzes Kriegsdienst für Gott leisten": So hatte sich der hl. Ignatius, ein – man hört's heraus – ehemaliger Soldat, das Charisma der „Gesellschaft Jesu" vorgestellt. Auch dieses Militärische hat den heutigen Papst am Orden angezogen. „Wir Jesuiten wollen bezeichnet sein mit dem Namen Jesu, unter dem Banner seines Kreuzes dienen, und das heißt: so gesinnt zu sein wie Christus ... Jeder von uns Jesuiten, der Jesus nachfolgt, sollte bereit sein, sich selbst zu entäußern, zu entleeren. Wir sind zu dieser Erniedrigung berufen, ‚Entäußerte' zu sein" *(Messe in Il Gesù, 3.1.14).* Ein Jesuit müsse ein „Mensch ... sein mit einem unvollendeten Denken, einem offenen Denken: Denn er denkt stets mit dem

Orden

Blick auf den Horizont des immer größeren Ruhmes Gottes". Hier versteckt sich ein weiteres Ignatius-Zitat: „omnia ad maiorem Dei gloriam", „alles zur größeren Ehre Gottes."

Nicht nur auf den mitgliederstärksten katholischen Männerorden setzt Franziskus, um die Kirche zu erneuern, sondern auf Orden und Gemeinschaften überhaupt. „Kirche muss attraktiv sein. Weckt die Welt auf! Seid Zeugen eines anderen Handelns!" *(Radio Vatikan dt., 3.1.14)*, sagte er im November 2013 bei einem Gespräch mit Ordensoberen. Großzügigkeit und Selbsthingabe im Dienst am anderen, „das ist das Zeugnis, das ‚Martyrium' des Ordenslebens"; für die Welt hat dieses „über den weltlichen Horizont Hinausgehen" eine Signalwirkung – es ist ein „Alarmsignal". Ein geweihter Mensch sollte tatsächlich „Prophet sein" und „nicht nur einen solchen spielen", er muss „eine neue Sprache" finden, „eine neue Art, die Dinge zu sagen".

Das spezielle Charisma eines Ordens darf „nicht starr und uniform" umgesetzt werden, mahnt der Papst, denn sonst gehe es kaputt. Aus zu großer Ängstlichkeit hätten Orden (etwa die Jesuiten bei der Chinamission ihres Mitbruders Matteo Ricci) große Chancen verschenkt. Bei der Ausbildung neuer Ordensmitglieder sollte darauf geachtet werden, nicht „Verwalter und

Geschäftsführer" und erst recht keine „kleinen Monster" heranzuzüchten, empfiehlt der Ordenspapst: „Und diese kleinen Monster werden dann auf das Volk Gottes losgelassen. Das macht mir wirklich Gänsehaut." Charakteristisch für einen geweihten Menschen sollte, so stellt er sich das vor, die Freude sein: „In der Traurigkeit gibt es keine Heiligkeit" *(Treffen mit Ordensleuten und Seminaristen, 6.7.13)*. „Manch einer wird sagen: Die Freude kommt von den Dingen her, die man hat, und die Folge ist die Suche nach dem jüngsten Smartphone-Modell ... nach einem aufsehenerregenden Auto ... Aber wirklich, ich sage euch, es schmerzt mich, wenn ich einen Priester oder eine Nonne mit dem neuesten Automodell sehe: Das geht nicht!" Man könne doch auch „Fahrrad fahren" – aber wenn es unbedingt ein Auto sein muss, dann „nehmt ein bescheideneres Modell! Und wenn dir dieses schöne Auto so gefällt: Dann denkt daran, wie viele Kinder verhungern." Nicht die Dinge, die man besitze, erfüllten einen mit der wahren Freude, sondern die „Begegnung", die „Unentgeltlichkeit einer Begegnung". „Die Freude jenes Augenblicks, in dem Jesus mich angeschaut hat ... ich bitte euch: niemals Schwestern, niemals Priester mit einem Gesicht wie in Essig eingelegte Chilischoten, niemals!" Es mache ihn besonders „traurig" *(an*

Klausurschwestern in Assisi, 4.10.13), unfrohe Ordensfrauen zu sehen: „Vielleicht lächeln sie, aber mit dem Lächeln einer Flugbegleiterin. Nicht mit dem Lächeln der Freude ... die von innen kommt."

Politiker

„Kann ein Land nicht ein Bett kaufen?"

Dem argentinischen Präsidenten Nestor Kirchner wurde die Sache irgendwann zu bunt: Jedes Jahr musste er sich am 25. Mai, dem argentinischen Nationalfeiertag, in der Kathedrale von Buenos Aires von Kardinal Bergoglio ins Gewissen reden lassen. Der Erzbischof der Hauptstadt nutzte das traditionelle „Te Deum", um die Mächtigen in aller Öffentlichkeit mit deutlichen Worten an ihre soziale Verantwortung zu erinnern. Der Präsident beschloss, einfach nicht mehr hinzugehen; von nun an verbrachte er das „Te Deum" des 25. Mai jedes Jahr woanders in der Provinz. Den unangenehmen Botschaften von Kardinal Bergoglio entkam er trotzdem nicht, die wurden nämlich von den Zeitungen ausführlich wiedergegeben –

so ausführlich, dass manche im Kardinal sogar eine Art Oppositionsführer sahen.

Selig seien die Menschen, die „nicht auf Beifall, schwankende Umfragewerte oder bessere Aufstiegschancen schielen" *(Bergoglio, Dienst, S. 410)*, predigte Bergoglio zum Beispiel beim „Te Deum" von 2006. Sechs Jahre später kritisierte er die Ideologie der Macht, sprach von „gefräßiger Machtgier" und der „Verunglimpfung des Andersdenkenden" *(vgl. Jürgen Erbacher, Papst Franziskus – Aufbruch und Neuanfang, München 2013, S. 90)*, das münzten manche Hörer auf die neue Präsidentin Cristina Kirchner, Frau und Nachfolgerin des mittlerweile verstorbenen Nestor Kirchner im höchsten Staatsamt. Auch Frau Kirchner hörte sich, wie ihr Mann, die Donnerpredigten Bergoglios am Nationalfeiertag nicht selber an. Der Kontrast war auch zu stark: Hier der jesuitenstrenge „Kardinal der Armen", dort die Politikerin, deren Familie ihr Vermögen zwischen 2003 und 2013 von 1,3 Millionen auf 15 Millionen US-Dollar mehr als verzehnfacht hat *(ebd., S. 91)*.

Bergoglio legte allerdings Wert darauf, dass er sich nicht in die Politik einmischen wolle: „... mich für einen Oppositionellen zu halten, scheint mir ein Zeichen von Desinformation" *(Bergoglio, Jesuita, S. 125)*. Er weise einfach auf den Skandal hin, "dass es in unserem gesegneten Vaterland, in dem uns Gott alles gegeben hat, an Brot und Arbeit fehlt ... Wenn wir als Kirche darauf hinweisen, gibt es immer einige, die der Meinung sind, das sei gegen die Regierung gerichtet" *(ebd., S. 115)*. Die Medien verstärkten diesen Eindruck noch mit ihrer Sensationshascherei und ihrer gekrümmten Optik. "Wenn ich fünf Zeitungen zu ein und derselben Nachricht lese, ist es sehr häufig so, dass jeder je nach seiner Tendenz nur den Teil erzählt, der ihn interessiert" *(Bergoglio, Himmel und Erde, S. 222)*. Natürlich habe jede Predigt über Werte auch Weiterungen ins Politische, "ob wir das mögen oder nicht" *(ebd., S. 148)*: "Die Herausforderung für den Prediger liegt darin, diese Werte hervorzuheben, ohne sich in das Klein-Klein der Parteipolitik einzumischen." Nein, er menge sich nicht in die Politik, "ich versetze mich in die Haut meines Bruders, der in die Mangel genommen wird, in eine Sklavenfabrik gesteckt wird" *(S. 234)*.

Doch Bergoglio kämpfte für soziale Anliegen mit dem Tremolo echter Empörung, die an die Hitze parteipolitischer Ränke erinnern konnte. Neutral hörte sich das nicht an. Noch als Papst ringt er um Fassung, wenn er erzählt, wie er einmal "in Buenos Aires ein Altenheim besucht habe, ein staatliches Altenheim, in dem alle Betten belegt waren, und da es nicht genug Betten gab, legten sie Matratzen auf den Boden, und dort waren die alten Leute. Kann ein Land nicht ein Bett kaufen?" *(an die Päpstliche Kommission für Lateinamerika, 28.2.14).* Man habe diese alten Menschen wie „Abfall" behandelt. „Dreckige Bettlaken, mit jeder Art von Dreck, ohne Serviette, und die Armen aßen dort, sie wischten sich den Mund mit dem Betttuch ab ... Das habe ich mit eigenen Augen gesehen, das hat mir niemand erzählt."

In einem unbedachten Moment hat Bergoglio 2010 zugegeben, dass er seit Ende der Fünfzigerjahre nicht mehr „zur Wahl gegangen" sei *(Bergoglio, Himmel und Erde, S. 152)* – unter Ausnutzung einer Ausnahmeregelung von der in Argentinien herrschenden Wahlpflicht. Das sei wohl „eine Sünde gegen den Bürgersinn", räumte er selbst ein. Man muss sich das einmal vorstellen: Derselbe Bergoglio hatte 2006 beim „Te Deum" in der Kathedrale gemahnt: „Um Bürger zu sein, genügt es nicht, bei der Wahl seine Stimme abzugeben ..." *(Bergoglio, Dienst, S. 410).*

Das öffentliche Bild von Kardinal Bergoglio als Widerpart der Kirchners hat in den Hintergrund treten lassen, wie differenziert, ja positiv sich der heutige Papst schon als Kardinal über Politik äußerte. „Wir sind heute mehr denn je verpflichtet, die Politik zu rehabilitieren" *(Bergoglio, Dienst, S. 318)*, schließlich sei sie „eine der erhabensten Formen der Nächstenliebe, weil sie auf das Gemeinwohl abzielt". Wegen dieser Zielrichtung kann man „die politische Berufung" sogar „eine beinahe heilige Berufung" nennen. Politik ist dazu da zu schaffen, Frucht zu bringen." Auf keinen Fall darf sie „die soziale Arbeit und die Sozialhilfe ... privatisieren" *(S. 319)*, das wäre „unmenschlich". „In dieser Hinsicht muss der Staat initiieren, integrieren, haften, prüfen und delegieren, aber er darf sich seiner Verantwortung nicht entziehen, die Teil seiner ureigensten Berufung ist: Sorge zu tragen für das Gemeinwohl."

Jeder, der Regierungsverantwortung trägt, sollte sich immer wieder fragen: „Liebe ich mein Volk, um ihm besser zu dienen? Und bin ich demütig, um die Meinungen der anderen zu hören, um den besten Weg zu wählen?" *(Frühmesse in Santa Marta, 16.9.13)*. Das sagte Bergoglio, nachdem er Papst geworden war, in einer seiner Morgenpredigten im Vatikan-Gästehaus.

Doch auch die, die regiert werden, dürften nicht einfach passiv bleiben. Keiner könne sagen: „‚Aber ich habe damit doch nichts zu tun: *Sie* sind doch an der Regierung!' Nein, ich bin mit für ihre Regierung verantwortlich und muss mein

Bestes dafür geben, dass sie gut regieren, indem ich im Rahmen des mir Möglichen an der Politik mitwirke." Als Bürger könne man seine „Hände nicht in Unschuld waschen: Jeder von uns ist dazu verpflichtet, etwas zu tun. Aber wir sind mittlerweile daran gewöhnt zu denken, dass es genügt, über die, die regieren, nur zu klatschen, schlecht über sie und das, was nicht funktioniert, zu reden." Es stimme einfach nicht, dass sich ein guter Katholik nicht um Politik kümmere. Es verhalte sich genau umgekehrt, so der Papst: „Ein Christ, der nicht für die Regierenden betet, ist kein guter Christ."

Reformen

„Ich erinnere mich, dass ich vieles verlangte"

Franziskus weiß, dass von ihm Reformen erwartet werden. In den Jahren vor seiner Wahl auf den Stuhl des hl. Petrus ist der Vatikan von einigen Skandalen erschüttert worden, etwa vom unkontrollierten Heraussickern von vertraulichen Dokumenten („Vatileaks"). Bei den Beratungen der Kardinäle vor Beginn des Konklaves wurden hinter verschlossenen Türen viele Rufe nach Neuerungen, nach einem Durchgreifen laut, und die Wahl des „Außenseiters" Jorge Mario Bergoglio wurde von vielen Beobachtern als Hinweis gelesen, dass die Kardinäle wirklich einen Neuanfang in den Leoninischen Mauern wünschten. Er erzählte selbst, dass einige der Wähler in der Sixtinischen Kapelle ihm halb im Scherz geraten hätten: „... du müsstest dich Hadrian nennen, denn Hadrian VI. war der Reformer; es braucht Reformen" *(Treffen mit Journalisten, 16.3.13)*. Doch er habe damals, im März 2013, „keinerlei Projekt gehabt, was sich in der Kirche ändern sollte. Sagen wir es so: Ich habe nicht mit diesem Wechsel von einem Bistum (*Buenos Aires, Anm. d. Autors*) in ein anderes *(Rom)* gerechnet" *(Interview mit dem Corriere della Sera, 15.3.14)*. Als Papst habe er sich allerdings gleich bemüht, das, was auf den Kardinalsversammlungen gefordert worden war, in die Tat umzusetzen. „Es waren Dinge, die wir Kardinäle von dem verlangt haben, der der neue Papst werden würde. Ich erinnere mich, dass ich vieles verlangte und dachte, ein anderer würde es werden" *(Flug von Rio nach Rom, 28.7.13)*.

Die Reformbaustellen sind vielfältig: Mehrere Kommissionen sollen feststellen, wo die Römische Kurie heute (auch finanziell) steht, und sollen dann ein neues „Grundgesetz" für sie entwerfen. Wichtigster Taktgeber für die Reformen ist ein neuer Kardinalsrat, in dem Kardinäle aus verschiedenen Teilen der Welt mit dem Papst über Neuerungen beratschlagen und ihn auch aus erster Hand über die Lage in der Weltkirche informieren. „Die Arbeit ist lang" *(Interview mit La Stampa, veröffentlicht am 15.12.13)*, warnt Franziskus vor überzogenen Erwartungen an das neue „Vatikan-Grundgesetz". „Wir haben Vorschläge von Bischöfen aus der ganzen Welt bekommen ... Ich bin immer bei den Treffen dabei, ... aber ich rede nicht, sondern höre nur zu, und das tut mir gut." Der Rat soll eine ständige Einrichtung werden, denn der Papst hält es für „wichtig ..., einen Beraterstab von Außenstehenden zu haben, nicht die bereits bestehenden Beraterstäbe, sondern Outsider" *(Flug von Rio nach Rom, s. o.)*. Die Bischöfe aus aller Welt sollen ihre Stimme dadurch in Rom, „in der Leitung der Kirche", besser zu Gehör bringen können. Überhaupt will er das Beratungsprinzip, die sogenannte „Synodalität", in der Kirche stärken – auch wenn ihm klar ist, dass am Schluss einer (nämlich er) auch entscheiden muss. „... um die Einsamkeit bei der Entscheidungsfindung kommt niemand herum" *(Bergoglio, Jesuita, S. 59)*.

Von nötigen oder möglichen Neuerungen weiß

Franziskus mit einigem Schwung zu reden; in der Regel sind es Punkte, die mit mehr Beratung, mehr Synodalität an der Kirchenspitze zu tun haben. „Die römischen Dikasterien ... stehen im Dienst des Papstes und der Bischöfe. Sie müssen den Ortskirchen helfen oder den Bischofskonferenzen. Es sind Einrichtungen des Dienstes" *(Interview mit Jesuitenzeitschriften, veröffentlicht am 19.9.13)* und nicht etwa „Zensurstellen".

An solchen Stellschrauben (Kurie reformieren, Zentralismus abbauen) wollte Franziskus eigentlich zunächst drehen; aber die Skandale rund um das vatikanische Finanzinstitut IOR, die Verhaftung eines Rechnungsprüfers an der vatikanischen Vermögensverwaltung Apsa und ein akuter Streit über die Haushaltsvorschau des Heiligen Stuhls für 2014 machten auch die Dringlichkeit einer Reform von Finanz- und Wirtschaftsstrukturen klar. „Das heißt, das wirtschaftliche Problem wurde außerplanmäßig in Angriff genommen. Doch diese Dinge passieren, wenn jemand im Regierungsamt in eine Richtung geht, der Ball dann aber von der anderen Seite geschossen kommt, und du musst ihn abfangen ..." *(Flug Rio–Rom, s. o.)*. Der Papst gründete darum 2014 eine Art Wirtschaftsministerium und stellte an die Spitze den australischen Kardinal George Pell, der auch zum Kardinalsberater-Gremium gehört. Wie Franziskus überhaupt viele Vertraute in Schlüsselpositionen hievt, um über den Stand der Reformen immer auf dem Laufenden zu sein. Nicht nur der Vatikan, sondern die Kirche überhaupt muss ständig erneuert werden: „Das Zweite Vatikanische Konzil hat die kirchliche Neuausrichtung dargestellt als die Öffnung für eine ständige Reform ihrer selbst aus Treue zu Jesus Christus" *(EG, Nr. 26 f.)*. Änderungen nicht um der Änderungen willen, sondern um die Kirche aus der Defensive wieder in die Offensive zu bringen: „Die Reform der Strukturen, die für die pastorale Neuausrichtung erforderlich ist, kann nur in diesem Sinn verstanden werden: dafür zu sorgen, dass sie alle missionarischer werden ... dass sie die in der Seelsorge Tätigen in eine ständige Haltung des ‚Aufbruchs' versetzt." Nicht faul werden, sondern in Bewegung bleiben: Dazu braucht's Reform.

Natürlich kann eine Reform nichts an der kirchlichen Lehre und Überlieferung ändern – aber sie kann, ja sie muss sie ins Heute übersetzen. Das will Franziskus als Erstes in der Ehe- und Familienseelsorge der Kirche tun, dazu ist ein Prozess aus Beratungen, Debatten und Bischofssynoden in Gang gekommen. Zu einer Änderung der Zölibatspflicht hat sich Bergoglio als Kardinal eher skeptisch geäußert: „... es sind zehn Jahrhunderte mit mehr guten als schlechten Erfahrungen. Skandale sieht man nun einmal auf den ersten Blick, doch die Tradition hat Gewicht und Gültigkeit" *(Bergoglio, Himmel und Erde, S. 64)*, auch wenn es „eine Frage der Disziplin und nicht des Glaubens" sei.

Nun sollte man aber nicht denken, dass der Papst aus Argentinien ein geradezu blindwütiger Reformer wäre, der den Vatikan und die Kirche umbauen will. Eher ist für ihn charakteristisch, dass er erst einmal beobachtet, Kommissionen einsetzt, sich beraten lässt, nachdenkt. Er weiß, dass er auch Skeptiker in den Prozess mitnehmen muss, mit Machtworten kommt auch ein Papst nicht weit. „Wenn einer verkünden muss, dass er das Steuer in der Hand hält, ist das schon der Beweis, dass er es verloren hat" *(Bergoglio, Jesuita, S. 73)*. Außerdem hat für Franziskus die Reform auch eine wichtige, geistliche Dimension. „Ein älterer Kardinal hat mir vor ein paar Monaten gesagt: ,Sie haben ja schon angefangen mit der Kurienreform, nämlich durch die tägliche Messfeier in Santa Marta.' Das hat mich zum Nachdenken gebracht: Reform fängt immer mit spirituellen und pastoralen Initiativen an, erst danach kommen die strukturellen Veränderungen" *(Interview mit La Stampa, veröffentlicht am 15.12.13)*.

Religionen

„Eine rein ritualistische Religion ist zum Sterben verurteilt"

„Ruhelosigkeit zum Transzendenten" *(Bergoglio, Himmel und Erde, S. 230)*: Das ist für Papst Franziskus das Wesen jeder Form von Religion. „Diese Ruhelosigkeit beschreiben wir gern als den Atem Gottes, den wir in uns tragen, das Zeichen, das er in uns hinterlassen hat. Oftmals taucht es sogar in Personen auf, die nicht von Gott haben reden hören oder in ihrem Leben antireligiöse ... Positionen vertreten haben." Der Papst ist überzeugt: „Solange es diese Ruhelosigkeit gibt, wird es die Religion geben." In welcher konkreten Form auch immer. Ein Bergoglio-typisches Paradox: Religion gibt der Ruhelosigkeit Form. „Eine rein ritualistische Religion ist zum Sterben verurteilt, denn sie füllt einen mit Riten, lässt das Herz aber leer."

Schon als Erzbischof von Buenos Aires hat der heutige Papst gute Beziehungen zu Juden und Muslimen gepflegt; er ist ein enger Freund des argentinischen Rabbiners Abraham Skorka, mit dem zusammen er ein Gesprächsbuch veröffentlicht hat, die beiden haben sich ungefähr zweimal im Monat getroffen und sich auch gegenseitig in der Synagoge bzw. in der Kirche besucht. Muslime wiederum schätzt Franziskus als gläubige Menschen, „die den einen, lebendigen und barmherzigen Gott anbeten und im Gebet anrufen" *(Audienz für Religionsführer, 20.3.13)*. Kardinal Bergoglio sorgte in Buenos Aires für einen Dialog zwischen den Spitzenleuten der drei großen monotheistischen Religionen. Ende Mai 2014 besuchte der neue Papst zum ersten Mal das Heilige Land, um seinen tiefen Respekt vor den Religionen zu zeigen, die sich auf Abraham beziehen. Franziskus, sein Rabbinerfreund Skorka und ein islamischer Gelehrter umarmten sich an der Jerusalemer Klagemauer. Religionen sollten „für das Wohl der Armen, der Schwachen und der Leidenden" zusammenarbeiten, findet Franziskus: „Vor allem aber müssen wir in der Welt den Durst nach dem Absoluten lebendig halten, indem wir nicht zulassen, dass eine nur eindimensionale Sicht des Menschen überhandnimmt, nach der der Mensch auf das beschränkt wird, was er produziert und was er konsumiert." Religionen sind also Verbündete – untereinander und manchmal auch zusammen mit Nichtglaubenden – gegen einen Zeitgeist, der den Horizont der Menschen einschränkt. Sie halten die „Offenheit für die

Transzendenz" wach, „die dem Menschen ins Herz gelegt ist".

Immer wieder meditiert Papst Franziskus über Abraham, diesen „alten Mann, den wir alle kennen" *(Bergoglio, Dienst, S. 83)* und auf den sich Judentum, Christentum und Islam berufen. „Er ist der Inbegriff des Gläubigen, das Musterbild des unermüdlichen Pilgers, ein Mann, der Gott aus heiliger Ehrfurcht sogar seinen eigenen Sohn – die große Nachkommenschaft, mit der er gesegnet sein wird – nicht verweigert." Abraham lehrt seine Nachpilger in allen Religionen, nicht faul zu werden, beweglich zu bleiben und „den eifersüchtigen Gott des Bundes an seiner Seite" *(S. 84 f.)* spüren. „Im Leben keines Christen ... darf die Erfahrung der Wüste, der inneren Läuterung, der dunklen Nacht, des Glaubensgehorsams fehlen, die unser Vater Abraham gemacht hat."

Der Papst ist überzeugt, „dass Gottes Treue zum Bund mit Israel nie aufgehört hat und dass die Juden durch die furchtbaren Prüfungen dieser Jahrhunderte hindurch ihren Glauben an Gott bewahrt haben. Und dafür werden wir ihnen als Kirche, aber auch als Menschheit, nie genug danken können" *(Brief an E. Scalfari, 11.9.13)*. Durch ihre jahrtausendelange Treue zum „Gott des Bundes ... erinnern sie alle, auch uns Christen, daran, dass wir wie Pilger immer in Erwartung der Wiederkunft des Herrn sind und dass wir daher immer offen sein müssen für ihn und uns nie in dem schon Erreichten verschanzen dürfen". Die Nähe zu dem, was wir gerade eben zu Abraham und unserem Pilgersein zitiert haben, ist offensichtlich. In seinem Gesprächsbuch mit dem Rabbiner Skorka formuliert Bergoglio übrigens weniger staatstragend: „Die Kirche erkennt offiziell an, dass das Volk Israel weiterhin Träger der Verheißungen ist. In keinem Moment sagt sie: ‚Ihr habt das Spiel verloren, jetzt sind wir an der Reihe'" *(Bergoglio, Himmel und Erde, S. 198)*.

Weniger eng ist die Beziehung des Papstes zu muslimischen Gläubigen. Er würdigt es, dass Muslime „sich zum Glauben Abrahams bekennen und mit uns den einen Gott anbeten", wie er mit einem Konzilszitat sagt *(EG, Nr. 252)*, und findet es „bewundernswert zu sehen, wie ... Frauen und Männer des Islams fähig sind, täglich dem Gebet Zeit zu widmen und an ihren religiösen Riten treu teilzunehmen". Natürlich gibt es „gewalttätigen Fundamentalismus", so der Papst, doch dieser hat aus seiner Sicht nichts mit „den authentischen Anhängern des Islam" zu tun. Bei einem Treffen mit Muslimen auf dem Jerusalemer Tempelberg sagte Franziskus: „Lernen wir, das Leid des anderen zu verstehen! Niemand gebrauche den Namen Gottes als Rechtfertigung für Gewalt!" *(Ansprache, 26.5.14)*

Schöpfung

„Schau auf die schokoladenbraunen Flüsse"

Angela Merkel war da, der Diktator Robert Mugabe aus Simbabwe, US-Vizepräsident Joe Biden und natürlich Argentiniens Präsidentin Cristina Kirchner. Vertreter von 132 Nationen, unter ihnen über dreißig Staatsoberhäupter, saßen am 19. März 2013 auf dem Petersplatz, um an der Amtseinführung von Papst Franziskus teilzunehmen. Worüber würde der neue Bischof von Rom predigen – den Weltfrieden? Der neue Papst unterlief aber alle hoch gespannten Erwartungen, er sprach in eher einfachen Worten über die „Berufung zum Hüten" *(Predigt, 19.3.13)*, die „einfach menschlich ist, die alle betrifft". Alle Menschen sollten einander Hüter sein und sich einer um den anderen kümmern, das war seine Botschaft.

Aber die „Berufung zum Hüten" betrifft auch die

Umwelt, wie der Papst ausführte: „Sie besteht darin, die gesamte Schöpfung, die Schönheit der Schöpfung zu bewahren, wie uns im Buch Genesis gesagt wird und wie es uns der heilige Franziskus von Assisi gezeigt hat: Sie besteht darin, Achtung zu haben vor jedem Geschöpf Gottes und vor der Umwelt, in der wir leben ..."
Das war nicht nur an Katholiken oder Christen gerichtet, sondern hier ging es um „eine Verantwortung, die alle betrifft. Seid Hüter der Gaben Gottes! Und wenn der Mensch dieser Verantwortung nicht nachkommt, wenn wir uns nicht um die Schöpfung und um die Mitmenschen kümmern, dann gewinnt die Zerstörung Raum, und das Herz verdorrt ..."
Damit war das Bewahren der Schöpfung als ein wichtiges Thema dieses Pontifikats gesetzt. Nach Benedikt XVI., der sogar bei seinem historischen Auftritt im Deutschen Bundestag im September 2011 das Thema Umwelt angesprochen hatte, gibt es jetzt erneut einen „grünen Papst" – einen Papst, der sich von der Liebe des hl. Franz von Assisi zur Schöpfung inspirieren lässt. Christen sind, wie er sagt, „aufgerufen, alle Güter der Schöpfung zu pflegen und zu hüten, und auf diese Weise nehmen wir teil am Werk der Schöpfung" *(Franziskus, Generalaudienz, 1.5.13)*.
Die Menschen – Mitschöpfer Gottes.

Für Franziskus ist die Schöpfung zweierlei: Gabe und Aufgabe. „Dem Menschen wird die Schöpfung als Gabe in die Hände gelegt. Gott schenkt sie ihm, doch legt er ihm zugleich eine Aufgabe auf: sich die Erde untertan zu machen" *(Bergoglio, Himmel und Erde, S. 20)*. Gemeint ist mit diesem göttlichen Befehl, dass der Mensch sich des „Rohstoffs" bedienen soll „zur Schaffung von Kultur", so der heutige Papst. „Doch in einem Moment geht der Mensch über diese Aufgabe hinaus, er lässt sich zu sehr mitreißen und verliert die Ehrfurcht vor der Natur. Daraufhin entstehen die Umweltprobleme, die globale Erwärmung. Das sind die neuen Formen der Unkultur." Der Mensch sollte „vor Gott und vor sich selbst" eine ständige „Spannung zwischen Gabe und Aufgabe" aufrechterhalten, findet Franziskus: „Wenn der Mensch nur die Gabe für sich behält und die Aufgabe nicht erledigt, erfüllt er seinen Auftrag nicht und bleibt in den Anfängen stecken; lässt er sich zu sehr von der Aufgabe mitreißen, vergisst er die Gabe und ... denkt, alles sei die Frucht seiner Hände und es gäbe keine Gabe" *(ebd., S. 20 f.)*. Spannungsfeld Schöpfung.

Der Papst hat fast sein ganzes Leben in Buenos Aires verbracht, einer Millionenstadt mit einem der laut „Green Cross" giftigsten Flüsse der Welt: Der Matanza Riachuelo mündet hier, müllgesäumt und von Industrieabwässern durchsetzt, in den Rio de la Plata. Franziskus kennt die Elendsviertel gut, die den Giftfluss säumen. Er kann mit bewegten Worten über Umweltverschmutzung klagen. „Durch unsere Leiblichkeit hat Gott uns so eng mit der Welt, die uns umgibt, verbunden, dass die Desertifikation des Bodens so etwas wie eine Krankheit für jeden Einzelnen ist", schreibt er in „Evangelii Gaudium" *(Nr. 215)*, „und wir können das Aussterben einer Art beklagen, als wäre es eine Verstümmelung." Er zitiert eine „prophetische Klage", die er in einem Hirtenbrief der philippinischen Bischöfe gefunden hat: „Nach einer einzigen Regennacht schau auf die schokoladenbraunen Flüsse in deiner Umgebung und erinnere dich, dass sie das lebendige Blut der Erde zum Meer tragen ... Wie können die Fische in ... Flüssen schwimmen, die wir verseucht haben? Wer hat die wunderbare Meereswelt in leb- und farblose Unterwasser-Friedhöfe verwandelt?"

Auch in der Enzyklika „Lumen Fidei", die die zwei grünen Päpste sozusagen vierhändig geschrieben haben, wird das Thema Schöpfung angerissen: Es sei der Schöpfungsglaube, der den Menschen als Mittelpunkt der Schöpfung verstehe und daraus das Prinzip der Menschenwürde entwickelt habe. Im September 2013 hielt Papst

Franziskus auf dem Petersplatz eine Gebetswache für einen Frieden in Syrien – und wieder sprach er in seiner Predigt nicht vom Weltfrieden (jedenfalls nicht gleich), sondern ging von der Schöpfung aus, indem er den mehrfach im ersten Kapitel des Buches Genesis vorkommenden Satz „Gott sah, dass es gut war" zitierte. Die Schöpfung sei von ihrer Anlage her das „Haus der Harmonie und des Friedens" *(Predigt, 7.9.13)*, „der Ort, an dem alle ihren Platz finden ... Die gesamte Schöpfung bildet ein harmonisches, gutes Ganzes." Warum dann so viel Unfrieden, Streit und Krieg? „Das geschieht, wenn der Mensch, die Krone der Schöpfung, den Horizont der Schönheit und der Güte aus dem Auge verliert und sich in seinem Egoismus verschließt ... Die Schöpfung behält ihre Schönheit, die uns mit Staunen erfüllt, sie bleibt ein gutes Werk", doch der Mensch zerstört „die Harmonie mit der Schöpfung und erhebt schließlich die Hand gegen seinen Bruder, um ihn zu töten".

Sünde und Schuld

„Sünder ja, Korrupte nein!"

„Die Revolution des Franziskus: Er hat die Sünde abgeschafft." Das schrieb Ende 2013 allen Ernstes der Journalist Eugenio Scalfari in der von ihm gegründeten Zeitung „La Repubblica". Der Papst habe Gott mit der Liebe und Barmherzigkeit „identifiziert" und gleichzeitig „dem Menschen volle Gewissensfreiheit zugesprochen". Dadurch komme es zur kopernikanischen Wende in der kirchlichen Moral: ein Papst, der den Begriff der Sünde abschafft. Es war, sagen wir's gleich, ziemlicher Unfug, und der Sprecher von Papst Franziskus widersprach dem Journalisten auch entschieden.

Tatsächlich redet Papst Franziskus über kaum ein Thema so oft und drängend wie über die Sünde: „Ich bin ein Sünder. Das ist die richtigste Definition" (*Interview mit Jesuitenzeitschriften, veröffentlicht am 19.9.13*), sagte er einem Jesuiten-Mitbruder, als der ihn interviewte und zunächst fragte, wie er sich denn selbst definieren würde. Immer wieder skandiert Franziskus in Predigten oder Generalaudienzen, dass wir alle Sünder sind, alle ohne Ausnahme. „Oftmals denke ich an den heiligen Petrus: Er hat eine der schlimmsten Sünden begangen, nämlich Christus zu verleugnen, und mit dieser Sünde haben sie ihn zum Papst gemacht. Darüber müssen wir sehr nachdenken" *(Flug Rio-Rom, 28.7.13)*.

Er wünscht sich, wie er einmal gesagt hat, „eine Theologie der Sünde" – schon erstaunlich, wenn man bedenkt, dass er doch zu Themen wie Abtreibung oder Sterbehilfe eigentlich befindet: „... man muss nicht endlos davon sprechen" *(Interview mit Jesuitenzeitschriften, s. o.)*, und „die Ansichten der Kirche" in Moralfragen seien doch hinreichend bekannt. Aber der Begriff der Sünde ist ein wichtiger Baustein im Gottesbild Bergoglios: Zum über alle Maßen barmherzigen Gott gehört als Gegenstück gewissermaßen der sündige Mensch.

Franziskus kann da sehr drastisch formulieren: „Die Sünde umgarnt uns, belagert uns, untergräbt unsere Fundamente ... Es ist eine schlaue Belagerungstechnik, denn der, von dem sie stammt, ist sehr schlau. Bei dieser Belagerung geht es um Leben und Tod" *(Bergoglio, Offener Geist, S. 82)*. „Wir sind alle Sünder und wir alle sind Versuchungen ausgesetzt" *(Frühmesse in Santa Marta, 31.1.14)*, mahnt der Papst. Wenn jemand behaupte, er sei in seinem Leben noch nie versucht worden, könne man ihm nur sagen:

„Entweder bist du einer von den Cherubim oder du bist ein wenig dumm!"

Das „größte Problem" dabei ist, wenn man das Bewusstsein für das, was Sünde ist, verliert und nicht auf die Idee kommt, Gott um Vergebung zu bitten. Eine Haltung der „Weltlichkeit": Das kann „auch uns zustoßen, wenn wir das Gespür für das Reich Gottes verlieren, und folglich auch das Gespür für die Sünde". Dann glauben wir: „Alles ist möglich, wir lösen alles! Die Macht des Menschen anstelle der Herrlichkeit Gottes!" Es tut nach Ansicht des Papstes gut, „für uns selbst zu beten, dass der Herr uns stets die Gnade gewähren möge, nicht das Gespür für die Sünde zu verlieren und dafür, dass das Reich Gottes in uns nicht untergehe".

Der Apostel Paulus habe sehr schonungslos ausgesprochen, dass er ein Sünder sei; wir „haben nicht immer den Mut, so über diesen inneren Kampf zu sprechen ... Wir suchen immer nach Rechtfertigungen: ‚Aber wir sind ja alle Sünder'" *(Frühmesse in Santa Marta, 25.10.13)*. Doch wir sollten uns nichts vormachen, so Papst Franziskus: „Gott kann man nicht täuschen" *(Predigt, 16.6.13)*. Die Sünde ist schwer, sie ist konkret, sie ist meine Sünde und nicht die von irgendwelchen anderen. „... wenn wir das nicht zugeben, dann können wir auch Gottes Vergebung nicht erlangen, denn wenn das Sündersein nur ein Wort ist, eine Redensart, dann haben wir Gottes Vergebung nicht nötig. Wenn es hingegen eine Wirklichkeit ist, die uns versklavt, dann bedürfen wir dieser inneren Befreiung durch den Herrn ..." *(Frühmesse in Santa Marta, 25.10.13)*. Sünde ist, so lehrt Franziskus, „mehr als eine bloße Schwäche: Sie ist eine grundsätzliche Abkehr vom Licht ... Das Wesen der Sünde ... ist die radikale Ablehnung jener Freiheit, die von der Liebe verlangt wird. Das Böse besteht nicht so sehr in Taten. Es ist eine Wurzel, eine Einstellung zum Leben: Man ist böse" *(Bergoglio, Offener Geist, S. 83)*. Eindringlich kann der Papst über die Heilungswunder Jesu sprechen: Jesus war, wie er betont, „kein Revolutionär ... Nein, diese Dinge, die Jesus tat – das Heilen, die Lehre, die kräftigen Worte gegen die Heuchelei –, waren nur ein Zeichen, ein Zeichen für etwas Größeres, das Jesus tat: die Vergebung der Sünden" *(Frühmesse in Santa Marta, 4.7.13)*. Diese „Neuschöpfung der Welt" war im Kern „die Sendung Jesu", so der Papst. Und er findet es bezeichnend, dass sich im Stammbaum Jesu nicht nur Heilige finden, sondern auch „hochrangige Sünder, die schwere Sünden begangen haben" *(Frühmesse in Santa Marta, 17.12.13)*.

Noch schlimmer als die Sünde scheint für Papst

Franziskus – das mag einige überraschen – die Korruption zu sein. Aber Korruption meint bei ihm mehr als nur ein Schmiergeldsystem: Es meint „Doppelleben" *(Frühmesse in Santa Marta, 11.11.13)* und „schön lackierte Verdorbenheit". „Der Korrupte hat das Antlitz des *Ich war's nicht*, das ‚Gesicht eines Heiligenbildchens', wie meine Großmutter zu sagen pflegte" *(Bergoglio, Korruption, S. 35)*. Ein Sünder bitte um Vergebung, falle aber irgendwann wieder zurück in sein sündhaftes Tun; er „bereut, aber kann es nicht lassen; er ist schwach. Es ist die Schwäche der Erbsünde" *(Frühmesse in Santa Marta, 11.11.13)*. Diesem Sünder vergebe der Herr, sobald er darum gebeten werde. Doch ein innerlich korrupter (im Spanischen klingt das an ‚verdorben', ‚verkommen', ‚verfault' an) Mensch „bereut nicht und fährt fort zu sündigen und tut so, als sei er ein Christ", er führt also „ein Doppelleben". Zum Beispiel ein „Ungerechter", der mit großer Geste Almosen gebe, aber gleichzeitig „den Staat, die Armen" beraube. Hier könne von keiner Vergebung die Rede sein, „denn dieser Mensch täuscht … Wer ein Doppelleben führt, ist korrupt … Und wir alle, die wir hier sind, müssen sagen: Sünder ja, Korrupte nein."

Teufel

„Bitte, machen wir keine Geschäfte mit dem Teufel"

Er sagt es ganz ohne Umschweife: „Ich glaube, dass es den Teufel gibt" *(Bergoglio, Himmel und Erde, S. 23)*. „Vielleicht war es sein größter Erfolg in diesen Zeiten, uns glauben zu lassen, es gäbe ihn nicht, alles werde auf einer rein menschlichen Ebene ausgemacht." Der Rabbiner, mit dem sich Jorge Mario Bergoglio über den Teufel unterhielt, mochte einwenden, aus seiner Sicht gebe es „das Böse an sich nicht, sondern nur die Abwesenheit des Guten" *(ebd., S. 25)* – doch Bergoglio-Franziskus ist davon überzeugt, dass der Feind, der Widersacher, der Zerstörer wirklich existiert. Und darum malt er, für europäische Ohren ganz ungewohnt, immer wieder in seinen Predigten den Teufel an die Wand. „Wer nicht zum Herrn betet, betet zum Teufel", zitiert er etwa in seiner ersten Predigt als Papst einen französischen Denker. „Wenn man Jesus Christus nicht bekennt, bekennt man die Weltlichkeit des Teufels, die Weltlichkeit des Bösen" *(erste Messe mit Kardinälen, 14.3.13)*.

Franziskus hat viele Bibelstellen parat, die sich

auf den Teufel beziehen; aus dem Neuen Testament ist das vor allem die Versuchung Jesu in der Wüste nach seiner Taufe im Jordan. Ein „Zweikampf zwischen Jesus und Satan" *(Angelus, 9.2.14)* entspannt sich da, und zwar ausgerechnet mit Zitaten aus der Heiligen Schrift, die auch der Versucher behend zu zitieren weiß. „Achtet gut darauf, wie Jesus antwortet. Er tritt mit dem Satan in keinen Dialog, wie dies Eva im irdischen Paradies getan hatte. Jesus weiß gut, dass man mit dem Satan keinen Dialog führen kann, weil er so verschlagen ist." Stattdessen flüchtet sich Jesus ins Wort Gottes „und antwortet mit der Kraft dieses Wortes. Erinnern wir uns daran: Im Augenblick der Versuchung, unserer Versuchungen, kein Argumentieren mit dem Satan, sondern immer verteidigt durch das Wort Gottes!"

„Der Teufel ist auf den ersten Seiten der Bibel anwesend, und die Bibel endet auch mit der Anwesenheit des Teufels, mit dem Sieg Gottes über den Teufel" *(Frühmesse in Santa Marta, 11.10.13)*. Das biblische Zeugnis ist aber nur die eine Quelle für Franziskus' Denken über den Teufel. Die andere Quelle sind die „Geistlichen Exerzitien" des hl. Ignatius, des Gründers des Jesuitenordens, dem der Papst angehört. In seinem Buch „Offener Geist und gläubiges Herz", das Bergoglio-Texte aus geistlichen Einkehrtagen versammelt, zitiert er lange Passagen der „Geistlichen Exerzitien", in denen Ignatius den Teufel als „Anführer ... Hauptmann oder Heerführer ..., Feind der menschlichen Natur" *(Bergoglio, Offener Geist, S. 94)* schildert, der „erst sein Lager aufschlägt und die Stärke oder den Zustand einer Burg auspäht und sie dann an der schwächsten Stelle angreift". Zu allen möglichen Tricks und Kniffen greife der Feind, kommentiert Bergoglio. Eine seiner gefährlichsten Waffen ist das Verbreiten von Hoffnungslosigkeit, die „Saat des Pessimismus" *(S. 35)*. „Wer antritt, ohne auf den Sieg zu vertrauen, hat diese Schlacht schon halb verloren." Auffallend, wie bereitwillig Papst Franziskus, wenn er vom Kampf gegen den Teufel spricht, martialische Vokabeln einsetzt.

Unser Leben ist wegen der Angriffe des Teufels an unseren schwächsten Stellen „ein ständiger Kampf ..., ein Rennen, wobei man sich von den Dingen frei machen muss, die uns von Gott trennen" *(S. 23 f.)*. „Der Böse ... zielt ... darauf ab, uns in Feinde des Kreuzes Christi zu verwandeln" *(S. 97)*. Treten die Versuchungen an uns heran, so sollten wir daran denken, dass wir nicht die Ersten sind, denen das so ergeht, rät der Papst, und dass Prüfungen zu unserem Weg gehören: „... wenn aber die Prüfung unsere Kräfte scheinbar übersteigt, dann wird es hilfreich sein, den Blick emporzurichten, auf den zu schauen, der solchen Widerspruch erduldete, und nicht schwach zu werden, sondern uns mit einer guten Portion Humor selbst Mut zu machen ..." *(S. 100)*. Mit Humor gegen den Widersacher. Der Teufel als der große Humorlose.

Aber bei allem Humor: „Bitte, machen wir keine Geschäfte mit dem Teufel" *(Frühmesse, 11.10.13)*, und seien wir vor allem „nicht naiv", sondern nehmen wir die Gefahren ernst, die vom Teufel ausgehen, predigt Papst Franziskus. An den Dämonenaustreibungen, die die Evangelien schilderten, sehe man, dass der Kampf gegen den Teufel eine der wichtigsten Aufgaben Jesu auf Erden gewesen sei. Das Jesuswort „Entweder bist du für mich oder du bist gegen mich" führe uns vor Augen, dass „man den Sieg Jesu über das Böse, über den Teufel nicht zur Hälfte erlangen kann". Das ist keine Übertreibung, so der Papst eindringlich: „Entweder bist du für Jesus oder du bist gegen Jesus. Und da gibt es keine Zwischentöne."

„Um uns herum – es genügt, ... eine Zeitung aufzuschlagen – sehen wir die Gegenwart des Bösen, sehen wir, dass der Teufel wirkt. Aber ich möchte mit lauter Stimme sagen: Gott ist stärker!" *(Generalaudienz, 12.6.13)*.

Volk Gottes

"Wenn dieser kleine Stein fehlt, gibt es Wasserschäden"

Die Definition von Kirche, die dem Papst offenbar am meisten zusagt, ist die des Konzilstextes Lumen Gentium: Die Kirche ist das Volk Gottes, unterwegs durch die Zeit. Gerade mit dieser Formulierung hatte sein Vorgänger Benedikt XVI. einige Schwierigkeiten, weil er sie für missverständlich hielt. „Die Zugehörigkeit zu einem Volk hat einen großen theologischen Wert", so argumentiert Franziskus: „Es gibt keine volle Identität ohne die Zugehörigkeit zu einem Volk. Niemand wird alleine gerettet, als isoliertes Individuum" *(Interview mit Jesuitenzeitschriften, veröffentlicht am 19.9.13)*. Gott lässt sich, wie der Papst weiter überlegt, auf „die komplexen Gebilde der zwischenmenschlichen Beziehungen" ein, auf „diese Volksdynamik". „Das Volk ist das Subjekt. Und die Kirche ist das Volk Gottes auf dem Weg der Geschichte ... Fühlen mit der Kirche" – das ist ein Ausdruck, der vom Ordensgründer der Jesuiten, dem hl. Ignatius von Loyola, herrührt – „bedeutet für mich, in dieser Kirche zu sein. Und das Ganze der Gläubigen", hier dreht

Volk Gottes

er die Schraube noch etwas weiter, „ist unfehlbar im Glauben. Es zeigt diese Unfehlbarkeit im Glauben durch den übernatürlichen Glaubenssinn des ganzen Volkes Gottes auf dem Weg."

Franziskus ist hier stark von der sogenannten „Theologie des Volkes" geprägt, einer argentinischen Ausprägung der lateinamerikanischen Befreiungstheologie. Sie geht maßgeblich auf den Konzilsberater Lucio Gera und auf eine Seelsorgekommission der argentinischen Bischofskonferenz zurück, die Ende der Sechzigerjahre nach dem Abschluss des Konzils dessen Definition vom „Volk Gottes" auf argentinische Verhältnisse übertrug. Dabei bewegte sie sich im Rahmen eines breiteren, lateinamerikanischen Nachdenkens über den Volksbegriff *(vgl. Bergoglio, Dienst, Einleitung von P. Michael Sievernich SJ, S. 23 f.).* Die „Theologie des Volkes" interessiert sich vor allem für die Armen und an den Rand Gedrängten und spricht ihnen ein „kulturelles Ethos" *(ebd.)* zu: „Dieses tritt in einem eigenen Stil des Lebens und der Weisheit *(sabiduría popular)* zutage, dessen Kern die Volksfrömmigkeit *(religiosidad popular)* bildet." Ein wichtiger Vertreter dieser theologischen Schule ist der Jesuit Juan Carlos Scannone, langjähriger Weggefährte des heutigen Papstes.

Franziskus will nicht als Populist abgestempelt werden, aber dass die Kirche ein „Volk" ist und dass allen, nicht nur Geweihten, darin eine wichtige Rolle zukommt, das ist in der Theologie dieses Papstes zentral. Darum insistiert er beim „Fühlen mit der Kirche" so auf der Glaubensunfehlbarkeit des Gottesvolks; wir assoziieren das Wort Unfehlbarkeit ja gemeinhin nur mit dem Papst. „Wenn der Dialog der Gläubigen mit dem Bischof und dem Papst auf diesem Weg geht und loyal ist, dann hat er den Beistand des Heiligen Geistes" *(Interview mit Jesuitenzeitschriften, s. o.)*, so Franziskus. „Es ist also kein Fühlen, das sich auf die Theologen bezieht."

Hier rühren wir an einen zentralen Punkt im Kirchenbild des Papstes Franziskus. Das wird noch deutlicher, wenn wir noch einmal in seine allerersten Worte als Papst gleich nach seiner Wahl hineinhören. „Und jetzt beginnen wir diesen Weg – Bischof und Volk ... einen Weg der Brüderlichkeit, der Liebe, des gegenseitigen Vertrauens" *(erste Ansprache, 13.3.13)*, das sagte der Neugewählte auf der Loggia des Petersdoms. „Und nun möchte ich den Segen erteilen, aber zuvor bitte ich euch um einen Gefallen. Ehe der Bischof das Volk segnet, bitte ich euch, den Herrn anzurufen, dass er mich segne: das Gebet des Volkes, das um den Segen für seinen Bischof bittet." Die Szene, wie er sich verneigte, während die Menschen auf dem Petersplatz still für ihn beteten, ging medial rund um den Globus. Interessant ist dabei, wie der Papst hier den Begriff „Volk" einsetzt. Im Zusammenhang mit dem Wort „Weg", das ebenfalls sehr bezeichnend für Franziskus ist, verweist er klar auf die Kirchendefinition aus Lumen Gentium.

„Volk Gottes" impliziert aus Sicht des Papstes, „dass Gott keinem Volk in eigener Weise gehört" *(Generalaudienz, 12.6.13)* und dass seine „Einladung ... an alle gerichtet (ist), ohne Unterschied ...". Damit jeder hineinkommen kann, müssen die Türen der Kirche allerdings immer weit offen stehen. Das ist ein Grund, warum Franziskus sich von Zeit zu Zeit ärgerlich über abgesperrte Kirchen oder zickige Pfarrsekretärinnen äußert. Aufgebaut wird die Kirche von allen, ohne Ausnahme, ganz gleich, was ihr konkreter Platz oder Rang nun gerade ist. Jeder soll sich in Bewegung setzen und „gleichsam das Unterhemd durchschwitzen" *(Gebetsvigil mit Jugendlichen in Rio, 27.7.13)*, jeder Einzelne ist ein lebendiger Baustein der Kirche. „Und wenn der Regen kommt, und dieser kleine Stein fehlt, dann gibt es Wasserschäden. Dann dringt Wasser ins Haus ein. Und baue nicht nur eine kleine Kapelle, die nur eine kleine Gruppe von Personen aufnehmen kann! Jesus bittet uns, dass seine lebendige Kirche so groß sei, dass sie die ganze Menschheit aufnehmen kann, dass sie ein Haus für alle sei!" Um zu zeigen, welche entscheidende Rolle einfache Laien im Gottesvolk spielen, verweist der Kirchenchef gerne auf Japan, wo es im 17. Jahrhundert eine heftige Christenverfolgung gab. Sie führte dazu, dass die Gemeinden auf einmal völlig ohne Priester dastanden. „Damals zog sich die Gemeinde in den Untergrund zurück und bewahrte den Glauben und das Gebet im Verborgenen. Und wenn ein Kind geboren wurde, dann taufte der Vater oder die Mutter es, denn unter besonderen Umständen können alle Gläubigen taufen" *(Generalaudienz, 15.1.14)*. Die Pointe des Papstes: „Als nach etwa zweieinhalb Jahrhunderten, 250 Jahre später, wieder Missionare nach Japan kamen, verließen Tausende von Christen den Untergrund, und die Kirche konnte wieder erblühen. Sie hatten überlebt durch die Gnade ihrer Taufe!"

Das findet Franziskus „großartig": „Das Gottesvolk gibt den Glauben weiter, tauft seine Kinder und geht voran. Und sie hatten, wenn auch im Geheimen, einen starken Gemeinschaftsgeist bewahrt ... Sie waren isoliert und verborgen, aber sie blieben stets Glieder des Gottesvolkes, Glieder der Kirche. Wir können aus dieser Geschichte sehr viel lernen." Zum Beispiel dies: „Die Laien besitzen ... eine Kraft, die nicht immer in rechter Weise genutzt wird" *(Bergoglio, Jesuita, S. 86)*. „Denn häufig klerikalisieren die Pfarrer die Laien, und diese verlangen auch noch danach. Das ist eine sündige Komplizenschaft." Übrigens gibt sein „Volk Gottes"-Bild dem Papst die Möglichkeit, die Stoßrichtung der Kirchenkritik auch einmal umzudrehen. „Wenn ... auf ‚die Kirche' gezeigt wird, so sind die Bischöfe, die Priester, die Hierarchie gemeint; doch die Kirche ist das ganze Volk Gottes" *(Bergoglio, Himmel und Erde, S. 216)*.

Wegwerfkultur

„Nicht das Geld soll die Erde hüten, sondern wir!"

Mit „Wegwerfkultur" meint der Papst ein „System" *(Generalaudienz, 5.6.13)*, in dem „Männer und Frauen den Götzen des Profits und des Konsums geopfert" und wie Müll entsorgt werden. Und in dem täglich tonnenweise Lebensmittel vernichtet werden, während anderswo Menschen hungern. Dabei sollte der Mensch eigentlich, dem Auftrag Gottes im Buch Genesis entsprechend, Hüter der Schöpfung sein: Hüter der Natur und Hüter des Menschen, beides ist gemeint. „... die Gefahr ist groß", zürnt Franziskus, der aus eigener Anschauung aus Argentinien weiß, wie Menschen in Slums dahinvegetieren, während andere tafeln. „Die Ursache des Problems ist nicht oberflächlich, sondern sitzt tief: Es ist nicht nur eine Frage der Wirtschaft, sondern der Ethik und der Anthropologie ... Und viele sagen: Ja, das stimmt, das ist wahr ..., aber das System geht weiter wie zuvor." Mittlerweile herrsche nicht mehr der Mensch über die Schöpfung, „sondern das Geld, das Geld regiert. Und Gott, unser Vater, hat nicht dem Geld die Aufgabe erteilt, die Erde zu hüten, sondern uns: den Männern und Frauen."

Wenn ein Computer kaputtgehe, dann sei das „eine Tragödie", schimpft der Papst, „aber die Armut, die Nöte, die Dramen vieler Menschen werden am Ende zur Normalität". Wenn „in einer Winternacht" in der Nähe des Vatikans ein Obdachloser erfriere oder „in vielen Teilen der Welt" Kinder am Hungertuch nagten, „dann macht es keine Schlagzeilen": „Das darf nicht so sein! ... Einer, der stirbt, macht keine Schlagzeilen, wenn aber die Börsen um zehn Punkte fallen, ist es eine Tragödie! So werden Menschen weggeworfen, als seien sie Abfall." Wir – Franziskus schließt sich bei seinen Mahnungen meistens selbst mit ein –, wir sehen mit der Zeit im Leben des Menschen nicht mehr den „obersten Wert ..., der geachtet und geschützt werden muss, besonders wenn er arm oder behindert ist, wenn er noch keinen Nutzen hat – wie das ungeborene Kind – oder wenn er keinen Nutzen mehr hat – wie der ältere Mensch": „Diese ‚Wegwerfkultur' wird zur allgemeinen Denkweise, die alle ansteckt."

Angesichts des Hungers und der Unterernährung auf der Welt sind aber genauso die „Verschwendung" und das „Wegwerfen von Lebensmitteln" inakzeptabel. Franziskus belässt es auch hier nicht bei einer allgemeinen Anklage gegen Staaten oder Großunternehmen, sondern rechnet das auf die persönliche Ebene herunter. „Einst haben unsere Großeltern sehr darauf geachtet, keine übrig gebliebene Nahrung wegzuwerfen. Durch das Konsumdenken haben wir uns an den Überfluss und an die tägliche Verschwendung von Nahrung gewöhnt, der wir manchmal nicht mehr den richtigen Wert zuordnen können, der weit über wirtschaftliche Maßstäbe hinausgeht. Wir sollten jedoch stets daran denken, dass Nahrung, die weggeworfen wird, gleichsam vom Tisch des Armen, des Hungrigen geraubt wird!"

Als Jesus sein Brotwunder wirkte, da habe er

nach Auskunft des Evangelisten Lukas ausdrücklich darum gebeten, „dass nichts verloren gehen möge: Nichts darf weggeworfen werden!" Daraufhin hätten die Jünger zwölf Körbe mit übrig gebliebenen Brotstücken gefüllt – keine zufällige Zahl, die Zwölf, sie stehe „symbolisch für das ganze Volk", so der Papst. „Und das sagt uns: Wenn die Nahrung gerecht geteilt wird, mit Solidarität, entbehrt niemand das Notwendigste, kann jede Gemeinschaft der Not der Armen entgegenkommen. Ökologie des Menschen" – das ist ein von seinem Vorgänger Benedikt XVI. gern verwendeter Begriff – „und Ökologie der Umwelt gehen Hand in Hand."

Wirtschaft

„Diese Wirtschaft tötet"

„Diese Wirtschaft tötet" *(EG, Nr. 53)*. Kaum ein Satz aus einem Papstschreiben in den letzten Jahren hat eine so heftige, auch entgeisterte Diskussion ausgelöst wie dieser, zugegeben, effektvoll verknappte Satz. Dem Papst, der zu Beginn des neuen Jahrtausends die große argentinische

Wirtschaftskrise aus der Nähe miterlebt hat, ist es todernst mit seiner Kritik. „Der Mensch an sich wird wie ein Konsumgut betrachtet, das man gebrauchen und dann wegwerfen kann."

Er kennt ja die Theorie, dass das freie Spiel der Märkte mit der Zeit „von sich aus eine größere Gleichheit und soziale Einbindung" *(Nr. 54)* der Menschen heraufführt. Er glaubt nur nicht daran.

Schonungslos verurteilt der Papst die Tatsache, dass „die Einkommen einiger weniger exponenziell steigen" *(Nr. 56)*, während „die der Mehrheit immer weiter entfernt (sind) vom Wohlstand dieser glücklichen Minderheit". Schuld daran seien diejenigen, „die die absolute Autonomie der Märkte und die Finanzspekulation verteidigen" und den Staaten kein „Kontrollrecht" zubilligen. Schulden und Zinsen drückten einige Länder zu Boden, die „Gier nach Macht und Besitz kennt keine Grenzen", und Korruption und Steuerflucht hätten „weltweite Dimensionen angenommen".

Schon klar, dass Papst Franziskus in „Evangelii Gaudium" unter dem Eindruck dessen schreibt, was er in Lateinamerika erlebt und beobachtet hat. Im Visier hat er aber ausdrücklich den entfesselten Wirtschaftsliberalismus an sich und nicht nur seine Latino-Ausprägung. „Wenn man das Handbuch der Soziallehre der Kirche aufschlägt, wundert man sich über die Anklagen darin" *(Bergoglio, Himmel und Erde, S. 184)*, äußerte er einmal als Kardinal. „Zum Beispiel die Verurteilung des Wirtschaftsliberalismus. Alle denken, die Kirche sei gegen den Kommunismus; doch sie ist ebenso gegen dieses System wie gegen den ungezähmten Wirtschaftsliberalismus von heute. Das ist auch kein Christentum, wir können das nicht akzeptieren."

„Nein zu einem Geld, das regiert, statt zu dienen" *(EG, Zwischentitel)*, ruft der Papst. Er will „die Ethik" *(Nr. 57)* stärken, „weil sie das Geld und die Macht relativiert" – und weil sie „auf einen Gott (verweist), der eine verbindliche Antwort erwartet, die außerhalb der Kategorien des Marktes steht". Eine „Finanzreform, welche die Ethik nicht ignoriert", wünscht er sich, und eine Umkehr der politisch Verantwortlichen.

Was wäre zu tun? Man müsste „die Probleme der Armen ... von der Wurzel her" lösen, urteilt Papst Franziskus *(Nr. 202)*. Das bedeutet: Schluss mit der „absolute(n) Autonomie der Märkte und der Finanzspekulation", Schaffung von Arbeitsplätzen und Beseitigung der „strukturellen Ursachen der Ungleichverteilung der Einkünfte". Diese ungleiche Verteilung sei „die Wurzel der sozialen Übel"; drehe man nicht an diesen genannten Schrauben, „kann letztlich überhaupt kein Problem gelöst werden".

Zärtlichkeit

„Wir dürfen keine Angst haben vor der Zärtlichkeit"

„Zärtlichkeit" und „Barmherzigkeit": Diese beiden Worte gehören zu den grundlegenden Akzenten des Papstes seit dem Beginn seines Pontifikats. Beide Worte treten in der Regel zusammen auf, und meistens wählt Franziskus sie, um die Haltung Gottes uns gegenüber zu kennzeichnen. In seiner Predigt bei der Amtseinführung sprach er auf dem Petersplatz nicht weniger als zwölf Mal von „Zärtlichkeit" – das häufigste Wort in dieser Grundsatzpredigt. Zärtlichkeit und Demut, das sind für den Papst „nicht Tugenden der Schwachen, sondern der Starken ..., die nicht andere schlecht zu behandeln brauchen, um sich wichtig zu fühlen" *(EG, Nr. 288)*. Er bekennt, dass er „an das Revolutionäre der Zärtlichkeit und der Liebe" glaubt.

Von der Aufgabe des Hütens sprach Franziskus bei seiner Amtseinführung im März 2013; um die Schöpfung, unsere Mitmenschen und uns selbst sollten wir uns kümmern, so wie der hl. Josef, der Vater Jesu, liebevoll für Maria und Jesus sorgte. „Das Sichkümmern, das Hüten verlangt Güte, es verlangt, mit Zärtlichkeit gelebt zu werden. In den Evangelien erscheint Josef als ein starker, mutiger, arbeitsamer Mann, aber in seinem Innern zeigt sich eine große Zärtlichkeit" *(Predigt bei der Amtseinführung, 19.3.13)*; daran erweise sich seine „Seelenstärke", seine „Fähigkeit zu Aufmerksamkeit, zu Mitleid, zu wahrer Öffnung für den anderen, zu Liebe". Und der Papst rief aus: „Wir dürfen keine Angst haben vor der Güte, ja, nicht einmal vor der Zärtlichkeit!"

Einige Tage später – diesmal übernahm er als neuer Bischof von Rom offiziell seine Bischofskirche, die Lateranbasilika in Rom – erinnerte Franziskus an den Moment, als Petrus Jesus verriet. Da „begegnet ihm der Blick Jesu, der ihm geduldig und ohne Worte zu verstehen gibt: ‚Petrus, hab' keine Angst wegen deiner Schwachheit, vertraue auf mich!' Und Petrus versteht, spürt den liebevollen Blick Jesu und weint. Wie schön ist dieser Blick Jesu – wie viel Zärtlichkeit!" *(erste Messe im Lateran, 7.4.13)*. Der Papst sprach kurz über die jähe Hoffnung, die der auferstandene Jesus in den Emmausjüngern geweckt habe, und kam dann auf sein Lieblingsgleichnis, die Geschichte vom verlorenen Sohn, der voller Reue nach Hause zurückkehrt, nachdem er sein Erbe verschleudert hat: „Und der Vater? Hatte er seinen

Sohn vergessen? Nein, niemals. Er ist dort, sieht ihn von Weitem, ... und sobald er ihn von ferne erspäht, läuft er ihm entgegen und umarmt ihn zärtlich – mit der Zärtlichkeit Gottes –, ohne ein einziges Wort des Vorwurfs: Er ist zurückgekehrt!"

Die Christen sollten nie „Hoffnung und Zärtlichkeit vergessen" *(Interview mit La Stampa, 15.12.13)*, denn sonst würden „sie eine kalte Kirche, die nicht weiß, wo sie hingehen soll ... Die Einfachheit Gottes dagegen sagt dir: Geh voran, ich bin ein Vater, der dich streichelt." Er bekomme es mit der „Angst" zu tun, „wenn die Christen ... die Fähigkeit zum Umarmen und zum Streicheln verlieren", sagt er. „Vielleicht spreche ich deswegen, wenn es um die Zukunft geht, oft von den Kindern und den alten Leuten, also von den Schwächsten." Als Priester sei es ihm immer darum gegangen, „diese Zärtlichkeit vor allem den Kindern und den alten Menschen zu vermitteln. Mir tut das gut, und es lässt mich an die Zärtlichkeit denken, die Gott für uns hat."

Bibliografische Hinweise

Alle Papstzitate werden in der offiziellen deutschen Übersetzung des „Osservatore Romano" präsentiert; in den wenigen Fällen, in denen eine solche Übersetzung während der Arbeit an diesem Buch nicht vorlag, nahm der Autor eine eigene Übersetzung vor. In der Regel finden sich Übersetzungen ins Deutsche auf der Internetseite vatican.va, weiteres Material (vor allem aus den Frühmessen des Papstes in Santa Marta) täglich auf radiovatikan.de. Die offizielle Übertragung des Papst-Interviews mit Jesuitenzeitschriften ist in Buchform erschienen (Antonio Spadaro SJ, Das Interview mit Papst Franziskus, Freiburg 2013) und gleichzeitig auf der Homepage von „Stimmen der Zeit" verfügbar; weitere Interviews von Papst Franziskus finden sich auf Internetseiten der italienischen Zeitungen „La Stampa" und „Il Corriere della Sera". Auch das Apostolische Schreiben „Evangelii Gaudium", bei uns abgekürzt „EG", ist als Buch verfügbar (Papst Franziskus, Die Freude des Evangeliums, Freiburg 2013).
Predigten und Ansprachen von Jorge Mario Bergoglio während seiner Zeit als Erzbischof finden sich im spanischen Original auf der Homepage des Erzbistums Buenos Aires; sie sind bisher nur teilweise

ins Deutsche übersetzt. Hier eine Übersicht über deutschsprachige Ausgaben von Texten des heutigen Papstes aus seiner Zeit vor der Wahl:

- *Die wahre Macht ist der Dienst, Freiburg 2014. Hier finden sich Texte von Erzbischof Bergoglio von 1999 bis 2007. Bei uns zitiert als: „Bergoglio, Dienst".*
- *El Jesuita: Mein Leben, mein Weg, Die Gespräche mit Jorge Mario Bergoglio von Sergio Rubin und Francesca Ambrogetti, Freiburg 2013. Bei uns zitiert als: „Bergoglio, Jesuita".*
- *Korruption und Sünde, Eine Einladung zur Aufrichtigkeit, Freiburg 2014. Bei uns zitiert als: „Bergoglio, Korruption".*
- *Offener Geist und gläubiges Herz, Biblische Betrachtungen eines Seelsorgers, Freiburg 2013. Bei uns zitiert als: „Bergoglio, Offener Geist".*
- *Über die Selbstanklage, Eine Meditation über das Gewissen, Freiburg 2013. Bei uns zitiert als: „Bergoglio, Selbstanklage".*
- *Über Himmel und Erde, Jorge Bergoglio im Gespräch mit dem Rabbiner Abraham Skorka, München 2013. Bei uns zitiert als: „Bergoglio, Himmel und Erde".*